ELISABETH

Docteur en histoire, Elisabeth de Feydeau est l'auteur d'une thèse sur la parfumerie soutenue à la Sorbonne. Expert auprès des grandes maisons de la parfumerie, elle se définit comme « chasseuse d'histoires et d'odeurs » et a fondé sa propre société de conseil en développement olfactif et culturel : Arty Fragrance. En parallèle, elle enseigne à l'ISIPCA, écrit des livres sur le parfum, met en scène des expositions et anime des conférences à travers le monde. Depuis 2013, en tant que spécialiste de Versailles et du parfum, elle collabore aux émissions télévisées « Sous les jupons de l'histoire », animée par Christine Bravo, et « Secrets d'Histoire », animée par Stéphane Bern.

JEAN-LOUIS FARGEON, PARFUMEUR DE MARIE-ANTOINETTE

ELISABETH DE FEYDEAU

JEAN-LOUIS FARGEON, PARFUMEUR DE MARIE-ANTOINETTE

CHATEAU DE VERSAILLES

Perrin

Cet ouvrage est publié en coédition entre les Éditions Perrin
et le Château de Versailles

ISBN : 978-2-266-30706-2
Dépôt légal : mai 2020

A Guillaume,
A Charles, Aliénor et Cordélia.

Sommaire

Prologue

Demain, 9 thermidor de l'an II de la République une et indivisible, moi, Jean-Louis Fargeon, parfumeur de l'ancienne cour, serai traduit devant le Tribunal révolutionnaire. J'ai hâte de me justifier des crimes qui me sont imputés et que je n'ai jamais commis. Il est faux que je sois un ennemi de la liberté et un sectateur de l'Ancien Régime. Si je hais le sanglant chaos qu'on nomme aujourd'hui Révolution, je demeure républicain et fidèle à la devise : « Vivre libre ou mourir. »

Depuis le 8 nivôse, par ordre du Comité de sûreté générale, je suis détenu dans cette geôle. J'ai été arrêté après qu'ont été reconnus falsifiés les assignats d'un règlement qui m'était destiné et dont étaient porteurs quatre Américains à leur arrivée sur le sol français. L'un d'eux était le sieur Thomas Jefferson, ministre plénipotentiaire de sa nation et grand ami des idées nouvelles. Tous ont été libérés, mais on n'en a pas moins mis les scellés sur ma maison de Chaumont, sur mon ancienne boutique du quartier du Roule et sur mon laboratoire de Suresnes. J'ai été conduit au Luxembourg sous l'accusation d'être un ennemi de l'ordre nouveau et de répandre de la fausse monnaie. J'ai réfuté point par point les accusations mensongères et calomnieuses portées contre moi et qui viennent sans doute de voisins jaloux. Triste époque, qui conduit les hommes à se dénoncer les uns les autres ! Les prisons sont pleines. Le commerce est suspendu et les ateliers déserts. Trop de sang innocent, d'intrigues, d'ambitions et de perfidies ont flétri le visage de la Révolution.

On me reproche d'avoir possédé un équipage, des maisons et des terres. La propriété honnêtement acquise serait-elle un crime contre la République ? On m'accuse d'avoir servi les ci-devant nobles. J'ai fabriqué des parfums à leur usage, mais ils possédaient les goûts et les moyens qui faisaient d'eux ma clientèle naturelle. J'ai souffert de leur légèreté et de leur négligence à payer leurs dettes, qui m'ont conduit à la banqueroute. J'ai eu le plus grand mal à rétablir mes affaires. Quelle preuve de mon civisme me faut-il donner pour que l'on consente à me rendre justice ? Parviendrai-je à convaincre par ma seule bonne foi le tribunal de rendre sa liberté et son honneur à un citoyen qui n'a jamais cessé d'être un bon patriote ? Je ne pourrai que répéter ce que je déclarai sur l'honneur au lendemain de mon arrestation : « Né homme, j'ai aimé la liberté en 1789 et j'en ai fourni des preuves. »

Je suis un homme de science, adepte du progrès comme le fut mon père. Mes expériences, connaissances et inventions ont porté sur l'art subtil du parfum. Paris est devenu le centre des sciences, des arts et du goût. Dans la chimie, science où les découvertes n'ont cessé de se succéder au cours des dernières années, j'ai pu explorer des voies jusqu'ici inconnues. J'ai cherché et trouvé dans la nature ce qui pouvait, dans mes compositions, susciter les mouvements de l'âme et ressusciter des souvenirs enfouis. Qu'exige-t-on aujourd'hui de mon art ? Devais-je, pour prouver mon patriotisme, composer un parfum à partir de l'odeur du sang qui flotte autour de la guillotine ?

Ah, que je cesse enfin de respirer la fétide senteur de ma cellule qui m'emprisonne plus étroitement encore que ses barreaux ! Tandis que je me morfonds dans cette misère, il arrive que, soudain, le doux parfum des jours enfuis me transporte dans les jardins et les salons d'un monde où fleurissait, rose parmi les lys, feu la reine de France. Oui, je l'avoue, je suis fier d'avoir su exalter en elle la femme, sans avoir été pour autant un esclave de la souveraine.

Quand surgit ce parfum du passé, ma vie tout entière s'ordonne comme j'ordonnais mes compositions odorantes. L'accord se plaque d'abord sur le mode majeur, avant de laisser échapper les notes de tête qui jaillissent, folles, vives, impatientes comme la jeunesse. Les notes de cœur palpitent ensuite, douces, accomplies et vibrantes comme la pleine réalisation d'une personnalité. Enfin, lourdes, persistantes et tenaces, résonnent les notes de fond, présentes dès la première envolée. Tel fut mon art et telle fut ma vie. Je saurai demain si elle doit m'être ôtée.

I

Les notes de tête

1748-1774

« L'olfaction est le sens de l'imagination. »

Jean-Jacques ROUSSEAU.

Les senteurs de la garrigue

Les rues et ruelles de Montpellier, écrasées par le soleil, sentent le cédrat et la bergamote. Les campagnes environnantes embaument le thym, le serpolet et la lavande. Ceux qui cueillent, font sécher et distillent ces odorantes matières premières gagnent fort bien leur vie. Nul lieu ne convient mieux à la venue au monde de Jean-Louis Fargeon, futur parfumeur de la reine de France.

En cette année 1748, Louis XV régnait sur le plus beau royaume de l'univers et le traité d'Aix-la-Chapelle, après que la France se fut « battue pour le roi de Prusse », mettait fin à la guerre en Europe. Montesquieu publiait *De l'esprit des lois.* Les Français s'inondaient d'*eau admirable* que nous disons aujourd'hui eau de

Cologne et qui avait été rapportée de cette ville par nos soldats. L'enfant était destiné à la parfumerie par droit de naissance, car, dans sa famille, on pratiquait cet art depuis plus d'un siècle. Premier fils d'un père qui lui donna son prénom, il fut porté sur les fonts baptismaux le 12 août à Notre-Dame-des-Tables[1]*. Un aïeul avait été marchand de laine, et son fils, Jean, s'était distingué, en 1655, en devenant apothicaire et parfumeur de S.A.R. Mademoiselle d'Orléans à l'enseigne du *Vase d'Or*. Il s'était associé avec Paul Portallès, maître apothicaire et parfumeur, et Jean Guiraud, maître apothicaire de Roquetaillade (Rouergue). Ses enfants n'avaient pas embrassé la carrière paternelle : Jean devint conseiller à la Cour des comptes, aides et finances et son fils, Lambert, fut seigneur de La Lauze. Jean-Louis était issu de la branche cadette, celle de Claude Fargeon, qui peupla de parfumeurs le royaume de France. Tel Antoine Fargeon, « marchand parfumeur », qui épousa, le 27 janvier 1715, Marie-Rose Roumieu à Notre-Dame-des-Tables. Cette forte femme, devenue veuve en 1729, sut reprendre et gérer le commerce grâce à l'aide de son neveu Antoine, qui avait fait un apprentissage de quinze mois en qualité de « garçon liquoriste ». Le grand-père maternel de Jean-Louis avait épousé, le 21 janvier 1724 à Notre-Dame-des-Tables, Marguerite Salles. Sa sœur Jeanne était entrée dans l'une des plus grandes familles de parfumeurs de Montpellier, les Matte La Faveur. Jean-Jacques Joseph Mathieu Matte La Faveur s'était établi à Grasse comme « négociant parfumeur et parfumeur du roi ».

---

* Les notes sont regroupées en fin d'ouvrage, p. 175.

On racontait, dans la corporation, que l'art du parfumeur remontait à la plus haute Antiquité. Jean-Louis Fargeon père avait pourtant coutume de dire que la parfumerie était née à Montpellier. La municipalité soutenait cette prétention par la nature des cadeaux qu'elle offrait. Succédant aux confitures, les ampoules de verre remplies d'eau odorante, poudre de violette et autres « présents de senteur » honoraient les hôtes de passage. Le parfumeur évoquait avec fierté une tradition qui remontait au Moyen Age quand, selon le roman provençal *Flamenca*, des senteurs de parfums se répandaient dans les rues de la cité au moment de Noël. Les manuels de parfumerie ne caractérisaient-ils pas certains produits comme étant *à la mode de Montpellier* parce que l'on ajoutait aux recettes traditionnelles une note issue du règne animal, civette ou musc, qui donnait un sillage plus profond et plus envoûtant. Le parfumeur de Louis XIV, le sieur Barbe, mentionnait dans ses formules la *poudre de Cypre comme à Montpellier* : « Vous prendrez, prescrivait-il, deux livres de poudre de mousse de chêne toute pure, qui ait été purgée avec les fleurs... Vous y consommerez dix-huit grains de civette. Ensuite un demi-gros de musc. » Il précisait que la *toilette montpelliéraine* « était enrichie de neuf végétaux : iris, racine de camanne, bois de rose, santal citrin, calamus, souchet, cannelle, clous de girofle, labdanum, senteurs tout en contrastes[2]. »

En France, les premiers statuts de la profession, établis en 1190, n'avaient plus cessé d'être modifiés depuis lors*. La bible des Fargeon était le traité de

* Voir les annexes.

l'ancêtre Jean, « apothicaire et parfumeur à privilège royal ». En 1668, il avait mis au point les recettes d'un grand nombre de produits répertoriés selon leur usage, « compositions pour la santé » ou « parfums pour les embellissements ». L'ouvrage était une très riche source de formules qui avaient fait la réputation de la famille. Divers autres traités faisaient autorité. Antoine Hornot avait fait éditer à Paris sous le pseudonyme de Dejean deux ouvrages majeurs où il ébauchait une théorie des odeurs : « Ce qui est sensible au nez est composé de parties volatiles, subtiles et pénétrantes, qui touchent non seulement le nerf olfactif, mais se répandent par tout le cerveau[3]. » A la même époque, le savant allemand von Haller publiait une encyclopédie anatomique et physiologique en huit volumes qui exposait notamment le mécanisme de la respiration, prélude à toute compréhension du phénomène olfactif.

A Montpellier, haut lieu de la médecine, les apothicaires avaient un statut depuis 1572 et l'indépendance de leur corporation avait été confirmée en 1674. Ils importaient et fabriquaient des « drogues pour les malades » et, bien qu'ils n'appartinssent pas au corps des marchands, ils avaient le droit de vendre des parfums. Parmi la cinquantaine de substances végétales et les quatre ou cinq animales destinées à l'apothicairerie, certaines avaient, en effet, un usage en parfumerie. La ville possédait son port de mer en Aigues-Mortes mais, à la fin du siècle précédent, Sète l'avait supplanté comme lieu de débarquement des denrées orientales au même titre que Marseille. Les contacts de la région avec l'étranger avaient facilité le développement progressif de l'activité de transformation des matières premières odorantes. En 1669, un observateur avait écrit de la cité : « La pharmacie et la chimie y sont en grand éclat par le nombre d'habiles gens qui la professent, les boutiques des apothicaires sont tout à fait belles et parfumées, remplies de sirops, poudre de Chypre, liqueurs et parfums de toutes sortes de toilettes, sachets de senteur et de mille autres choses. » Les hommes qui pratiquaient ce négoce étaient dits *pébriers sobeyrans*, « négociants en gros », à la différence des « détaillants », *pébriers de mercat*. Les *especiayres* ou *espiciers-apothicaires* employaient les drogues surtout à des fins thérapeutiques, mais ils passaient pour avoir appris des Arabes l'art de distiller les essences et les parfums, ce qui leur avait valu le titre d'*aromatarii*. Cette ébauche de spécialisation avait été confirmée par la séparation entre les apothicaires et les marchands épiciers-droguistes, puis les « gantiers-parfumeurs-distillateurs ».

Issus de la communauté des apothicaires, les Fargeon avaient recentré leur affaire de famille sur l'activité de parfumeurs. Ces derniers exerçaient leur métier dans le même quartier, et ils tissaient entre eux des liens familiaux par des mariages. Leurs boutiques étaient concentrées dans les rues passantes du quartier ouest, rues Saint-Guilhem, de l'Aiguillerie, la Grand-Rue, le faubourg de la Saunerie. Les Fargeon avaient leur établissement sur la Grand-Rue face à la traverse des Grenadiers. Celui de Jacques Matte La Faveur s'y trouvait aussi face au *Cheval Blanc*.

Jean-Louis Fargeon avait sept ans quand naquit, le 2 novembre 1755, une archiduchesse d'Autriche prénommée Marie-Antoinette Josèphe Jeanne qui allait devenir près de vingt ans plus tard reine de France, puis sa plus illustre cliente. Cette année-là, un effroyable tremblement de terre ravagea Lisbonne, annonçant peut-être le destin funeste de la future reine de France. Le petit Montpelliérain, élève de l'école de sa paroisse, ne sut sans doute rien de ces grands événements. On lui inculquait le sens du travail bien fait en même temps que la lecture, l'écriture et surtout le calcul, savoir indispensable à un futur commerçant. Il participait aux menus travaux de la boutique, entouré par la tendresse bourrue d'une mère et d'un père bousculés par le travail. Le magasin donnant sur la rue était le royaume de sa mère, meublé de tables, de buffets, d'armoires vitrées et d'étagères. Des échelles permettaient d'atteindre les récipients de toutes sortes : boîtes de bergamote, étuis de senteur, tabatières en corne, topettes, canettes, dames-jeannes et pots à esprits.

La note fleurie des parfums était donnée par des essences de rose, de narcisse ou de fleur d'oranger, ou par les agrumes venus d'Italie : citron, orange, mandarine, cédrat, bergamote et pamplemousse. On utilisait aussi des bois venus d'Orient comme le santal et des écorces à senteurs épicées telles que la cannelle ou la cascarille. Dominant le tout, une odeur camphrée, résolument médicinale, apportait à tout mélange un effet tonique très particulier. Les huiles, poudres et eaux de senteur étaient aromatisées à la rose, au jasmin, à la violette, à l'iris, à la jonquille, à l'œillet, à la lavande mais aussi à l'orange et au citron. L'ambre et la fleur d'oranger étaient très en faveur, ainsi que le musc qui depuis quelques années était moins apprécié des chalands. Les préparations les plus fréquentes étaient les poudres de mille-fleurs, d'ange, de Chypre, et les *eaux à la Maréchale* ou *aux herbes de Montpellier* où dominait le thym. S'y ajoutaient des *eaux de propreté*, de l'*eau de câpres* et nombre de *vinaigres de toilette*, ainsi que des savonnettes, des pâtes et des pommades.

La boutique offrait aussi à la vente, disposés dans un aimable désordre, divers petits objets[4] : sacs à ouvrage, houppes de cygne, cure-dents, mouches, éponges, tabatières et même jarretières ainsi que des *sultans*, petites corbeilles ou sachets de parfums. Enfin, les gants et mitaines constituaient une part non négligeable de la marchandise[5]. Aux parfums au sens large du terme, bon nombre de collègues joignaient des olives, des anchois en saumure ou de la cassonade, mais Fargeon refusait avec hauteur cette compromission avec l'épicerie. Le « second magasin », terme qui désignait l'arrière-boutique, contenait les récipients de bonne taille et des caisses de bois utilisées pour les livraisons. On y trouvait aussi des corbeilles qui servaient de présentoirs une fois garnies d'étoffes.

Au fond de la pièce, le laboratoire était le lieu mystérieux où se préparaient les spécialités. Le parfumeur y régnait au milieu de ses chaudières, alambics, serpentins, pressoirs, écumoires et mortiers. Les barriques contenant les matières premières semblaient gigantesques à l'enfant. Il s'enivrait de toutes les senteurs, celles de la garrigue avoisinante, et d'autres, moins courantes, car elles venaient d'Orient. Toute sa vie, il devait garder le souvenir de ces notes exotiques, construites sur le musc, l'ambre, la civette et les résines d'Arabie, encens, myrrhe, opopanax et galbanum. Sa grand-mère Marie-Rose lui enseignait berceuses et comptines, ainsi que bon nombre de légendes locales.

Celle de l'*eau de la Reine de Hongrie* l'enchantait particulièrement. On racontait que les notes rafraîchissantes de cette eau de senteur avaient séduit, au

XIVe siècle, la reine Jeanne, souveraine de soixante-douze ans, paralytique et goutteuse, qui l'avait reçue des mains d'un ermite. Elle avait retrouvé tant de force et de beauté qu'elle s'était fait épouser du roi de Pologne à l'âge de soixante-seize ans ! L'*eau de la Reine de Hongrie* était considérée comme une panacée pour des maux aussi divers que les rhumatismes, les bourdonnements d'oreilles, les douleurs abdominales et pour prévenir les épidémies, mais surtout, elle passait pour rendre beauté et jeunesse. Peut-être est-ce le souvenir de la vieille femme rendue désirable par la magie d'une eau de senteur qui fut à l'origine du rêve dont Jean-Louis prit conscience très tôt et qu'il caressa toute sa vie : embellir la femme, trouver le moyen de flatter son teint, de conserver à la peau sa fraîcheur, de dissimuler ses défauts, de modifier la couleur de ses cheveux et de faire disparaître les taches et marques de l'âge. Pour lui, la parfumerie allait être étroitement liée à l'art des cosmétiques.

Un père admirateur des philosophes

Jean-Louis Fargeon père était, comme bon nombre de bourgeois provinciaux, acquis aux idées des philosophes. Il était abonné au *Journal des Savants* et à l'*Avant-Coureur*, feuille qui paraissait le lundi de chaque semaine et exposait les « nouveautés des sciences, des arts libéraux et mécaniques, des spectacles, de l'industrie et de la littérature ». Il avait souscrit, en dépit du prix élevé, au *Dictionnaire raisonné des sciences, des arts et des métiers* des sieurs Diderot et D'Alembert, plus connu sous le nom d'*Encyclopédie*[6], et il avait été ulcéré de s'être vu rembourser son argent en 1752 quand la censure avait accusé les auteurs de l'ouvrage de « provocation envers Dieu et l'autorité royale ». Fort heureusement, Diderot poursuivait sa magistrale entreprise grâce au soutien d'esprits éclairés. Avant de mettre son fils en apprentissage proprement dit – mais déjà le garçon avait quelques rudiments du métier –, le parfumeur voulut qu'il fît de solides études. Ce fut l'un de ses rares sujets de désaccord avec son épouse. Il mesurait avec clairvoyance les avantages d'une éducation du corps et de l'esprit dans un métier raffiné, où la clientèle exigeait qu'on sût s'exprimer en beau langage, et non dans cette langue d'oc encore communément parlée dans les provinces du Midi. Son épouse avait une conception plus traditionnelle du commerce[7]. Fille d'un marchand fruitier, elle pensait qu'on ne s'instruisait jamais mieux qu'entre l'étal et la caisse. Succéder à son père en apprenant son métier à ses côtés sans s'encombrer l'esprit de connaissances inutiles était la règle dans la petite bourgeoisie du négoce. Mais la toute-puissance se trouvant, comme dit Molière, « du côté de la barbe », il fut pourtant décidé que le couple pouvait se passer de son fils à la boutique et qu'il ferait ses humanités chez les oratoriens de Montpellier.

A la veille du grand jour, le parfumeur convoqua le garçon dans son laboratoire et lui fit, dans le goût qu'il affectionnait, une admonestation solennelle dont il est aisé de reconstituer la teneur :

— Mon fils, tu pars demain pour le collège. Tu vas devenir plus instruit que ne l'aura été ton père. J'espère que tu ne décevras pas mes espérances. Suis les préceptes de tes maîtres et fais honneur à notre famille.

Tu vas avoir des condisciples qui tireront de leurs titres de vicomte ou de marquis une grande fierté et qui, parfois, te traiteront avec dédain. Sache que tu n'as à rougir ni de ta roture, ni de l'état de ton père, qui sera un jour le tien. La supériorité de naissance est un préjugé, une ombre que dissiperont un jour les lumières de la raison. C'est par ses mérites et son travail qu'on s'établit en ce monde. Beaucoup de nobles ne sont que des oisifs, et ils devront un jour céder la place à des hommes de notre condition. Tu as d'excellentes dispositions pour notre profession. J'eusse souffert mille morts si mon fils aîné avait eu l'odorat d'un enrhumé. Quand je ne serai plus, il conviendra que tu songes à transférer notre maison à Paris. Montpellier ne se prête pas à de grandes entreprises. C'est dans la capitale que se trouve la clientèle la plus élégante et la plus fortunée. Tu seras appelé à vivre auprès de la Cour et, je l'espère, à la fournir quelque jour. C'est pourquoi, entre autres raisons, tu dois être instruit et t'exprimer avec élégance. Traite toujours les courtisans avec tous les égards qu'exige la bienséance, mais n'oublie jamais que si tu les sers, tu n'es pas leur serviteur. Tu seras un homme de progrès, apte à vivre les temps nouveaux qui s'annoncent. Peut-être verras-tu de tes yeux briller le soleil de la vertu, de l'égalité et de la fraternité sur les ruines d'un monde corrompu. M'as-tu bien compris, mon fils ?

— Oui, père.

De la harangue, il avait retenu l'essentiel : les hommes étaient égaux, et la parfumerie lui assurerait le succès en ce monde s'il se distinguait par son travail et son talent.

Le lecteur des philosophes ne vit pas l'ère de sagesse et de vertu qu'ils annonçaient. Il mourut encore jeune, le 29 juillet 1760. Restée veuve avec cinq enfants, son épouse respecta la volonté du défunt. Elle prit pour contremaître un Sétois du nom de Jean Poncet, qui lui donna entière satisfaction, et ne retira pas son aîné, alors âgé de douze ans, du collège des oratoriens où il poursuivait ses études. Il se montra un bon élève, sans brillant mais doué d'une mémoire hors du commun qu'il meublait aussi bien de l'enseignement prodigué par ses maîtres que de formules de parfumerie. Il s'orna l'esprit de ce qui était nécessaire, mais il était d'un naturel réservé et il se gardait bien de montrer des dons ou des connaissances qui ne convenaient pas à un bourgeois destiné au négoce.

Le nez est la porte de l'âme

Jean-Louis ne voulait pas s'en tenir à des recettes. Il souhaitait comprendre la nature de la faculté olfactive. L'Académie française avait sommairement défini le parfum comme « l'agréable senteur qui s'exhale de quelque chose d'odoriférant, soit par le feu, soit par quelque autre moyen ». L'article de l'*Encyclopédie* consacré au parfumeur le qualifiait de « marchand et ouvrier tout ensemble, qui fait, vend et emploie toutes sortes de parfums, de la poudre pour les cheveux, des savonnettes, des gants parfumés, sachets de senteurs, pots-pourris, etc. ».

Jean-Louis Fargeon lut le *Traité des sensations*, où Condillac mettait en évidence le rôle éducatif des sens et contait la parabole de la statue que le créateur avait pourvue seulement d'un nez. L'odorat était à l'origine des Lumières, puisque, ne disposant que de lui, le marbre pouvait acquérir toutes les autres facultés et avoir plein accès au monde extérieur. Ainsi, la statue, en respirant une « odeur de rose », n'a aucune représentation de la fleur. « Elle sera odeur de rose, d'œillet, de jasmin, de violette, suivant les objets qui agiront sur son organe. En un mot, les odeurs ne sont, à son égard, que ses propres modifications ou manières d'être[8]. »

L'élève des oratoriens fut enthousiasmé par cette théorie. Les philosophes si chers à feu son père réhabilitaient l'odorat, qui n'était plus le vilain petit canard de la noble portée des cinq sens. Diderot n'écrivait-il pas : « Je trouvai que, de tous les sens, l'œil était le plus superficiel ; l'oreille le plus orgueilleux ; l'odorat le plus voluptueux, le goût le plus superstitieux et le plus inconstant ; le toucher le plus profond et le plus philosophe[9]. » La révolution de la chimie s'annonçait avec les premiers travaux de Lavoisier que le jeune homme lut sans encore bien les comprendre. Un champ immense s'ouvrait à la parfumerie. Le parfum n'était plus seulement, selon la définition sommaire du *Dictionnaire du commerce* de Savary, une « senteur agréable qui flatte l'odorat[10] ». Il était une clé de l'âme. Jean-Louis avait conscience qu'il aurait à travailler pour des clients esthètes, en quête de senteurs exquises, subtiles et nouvelles.

Dès qu'il se retrouvait chez lui, après avoir appris du Sétois quelque élément de sa future profession, il se plongeait dans les livres de Voltaire, que contenait la bibliothèque paternelle. Il découvrit encore Jean-Jacques Rousseau, chantre de la nature et de la sensibilité, oracle par la voix duquel l'homme apprenait la vérité sur lui-même. Sa langue, d'une musicalité particulière, s'adressait comme un parfum à l'âme, qui s'en trouvait élevée. L'homme moderne naissait sous sa plume, avec ses tourments et sa bonté naturelle. Rousseau avait été le premier à écrire que l'homme qui sent surpasse l'homme qui pense, que l'imagination « étend pour nous la mesure des possibles » et s'impose à la raison qu'elle peut élever jusqu'au sublime. L'éducation des sens était, pour l'auteur des *Rêveries du promeneur solitaire*, la condition essentielle et indispensable d'une formation réussie. Enfin, Rousseau assurait dans l'*Emile* que l'odeur, notamment celle de nos semblables, était un puissant facteur d'attirance ou de répulsion par son action sur l'imagination. Il racontait qu'il avait été, à son arrivée dans la capitale, incommodé par les effluves nauséabonds du faubourg Saint-Marcel. Il en déduisait que les « odeurs par elles-mêmes sont des sensations faibles. Elles ébranlent plus l'imagination que le sens, et n'affectent pas tant ce qu'elles donnent que ce qu'elles font attendre ». Une importance nouvelle était accordée à l'odorat, capable de susciter de tumultueux mouvements de l'âme, de ressusciter des souvenirs enfouis et de modifier l'humeur du moment. « Le monde réel a ses bornes, le monde imaginaire est infini ; ne pouvant élargir l'un, rétrécissons l'autre ; car c'est de leur seule différence que naissent toutes les peines qui nous rendent malheureux. » Jean-Louis portait aux nues Jean-Jacques, pour qui « l'olfaction est le sens de l'imagination ». Lorsqu'elle entendit son fils lui dire que « le nez est la porte de l'âme », et qu'on devait cette étrange révélation à un philosophe, la veuve crut qu'il perdait l'esprit.

— Nous n'avons pas à tant réfléchir ! Faisons de notre mieux notre métier, c'est tout ce qu'on attend de nous. Les philosophes sont des songe-creux.

Elle regrettait que son mari n'ait pas voulu l'écouter lorsqu'elle lui disait qu'apprendre le latin ne servirait guère à un parfumeur. Le jeune homme parvint toutefois à lui faire admettre que ses études lui avaient été utiles. Quel que fût le charme de la langue d'oc, il fallait parvenir à parler comme les Parisiens et à se débarrasser d'un accent qui pouvait devenir une gêne. Elle en convint, mais elle l'adjura d'être digne de ses aïeux languedociens et de ne jamais renier sa patrie.

Elle fut pleinement rassurée par l'ardeur qu'il mit, dès sa sortie du collège, à approfondir l'art du parfumeur. Le premier commis sétois poursuivait l'éducation ébauchée quelques années plus tôt par Fargeon père. Il garantit à la veuve que son fils aîné possédait un nez de tout premier ordre, et qu'il distinguait sans peine les innombrables substances odorantes. La plupart des végétaux avaient une odeur, parfois plaisante, et beaucoup de fleurs réunissaient le double avantage de flatter l'œil et l'odorat, mais leur senteur disparaissait avec leur beauté fugitive. Les sucs acides, simples ou fermentés avaient des odeurs fortes presque incommodantes en raison de la putréfaction alcaline. Le broiement ou la chaleur servaient à extraire ces senteurs et la matière subtile contenue dans l'huile essentielle des plantes se nommait *esprit*. On savait depuis un siècle extraire l'*esprit recteur* par le procédé dit *enfleurage* ou macération. C'était une spécialité de Grasse, et elle avait fait la fortune de la petite cité provençale, mais on la pratiquait aussi à Montpellier.

L'apprenti était déjà un adepte du naturel. Il distilla des eaux odorantes simples, des esprits ardents et des huiles essentielles, et il apprit à se méfier des falsifications dont faisaient l'objet les substances rares et chères. Peu à peu, il créait son orgue à parfums, certains l'inspirant plus que d'autres. Il ne cessait de perfectionner les préparations familiales : cosmétiques, rouges, fards, savons et pâtes pour blanchir les mains et le visage, poudres et opiats pour les dents, tablettes et liqueurs servant à parfumer la bouche. Pour les soins de la chevelure, il créa des huiles et des poudres de toutes les couleurs, des pommades et des teintures. L'une des difficultés était d'obtenir des produits inoffensifs qui fussent efficaces. Enfin, fidèle à l'une des spécialités de Montpellier, il pratiquait l'art de fabriquer des gants, de les teindre et de les parfumer *à la mode de Provence* avec certaines fleurs qui convenaient aux peaux : fleur d'oranger, roses muscades, tubéreuses et jasmin.

En dépit de tous les efforts, l'affaire familiale stagnait. Les « liquoristes », qui se prétendaient parfumeurs sans l'être, lui faisaient une concurrence déloyale. En outre, même si de nombreuses recettes étaient encore dites *à la mode de Montpellier*, la ville était peu à peu supplantée par Grasse. Depuis 1750, six parfumeurs montpelliérains avaient fait faillite et les membres de la corporation étaient de moins en moins nombreux. Le corps des parfumeurs grassois bénéficiait de la faveur royale, tandis qu'à Montpellier les produits orientaux étaient lourdement taxés. Jean-Louis Fargeon se souvint de la recommandation de son père. Il fallait partir pour échapper au déclin.

La lecture du *Mercure de France*, dont la devise virgilienne était *Mobilitate viget* (« On ne prospère que par le mouvement »), acheva de le décider. Le numéro de mai-juin 1770 comportait un compte rendu des fêtes et cérémonies données à l'occasion de « l'arrivée en France de Madame l'Archiduchesse Marie-Antoinette et de son mariage avec Monseigneur le Dauphin ». La jeune princesse semblait allier la beauté à l'esprit : « Madame la Dauphine, écrivait le *Mercure*, a pu remarquer à son passage en France l'empressement et l'enthousiasme des Français pour la voir, l'admirer et l'aimer. » Le jeune Montpelliérain lut le compliment que fit à la future souveraine, à son arrivée à Paris, le sieur Bignon, prévôt des marchands : « Vous allez faire l'ornement et les délices de la France. » Il contempla le portrait joint à des flots d'hommages et d'éloges. Le poème de Sicard de Roberti qui l'accompagnait semblait faire allusion à l'art du parfumeur.

L'odeur de vos bouquets me fit croire un moment
Qu'ils étaient composés de mille-fleurs nouvelles,
J'ouvris votre panier avec empressement,
Je n'y vis que des immortelles.

Les rumeurs de la Cour parvenaient jusqu'à Montpellier. On racontait que la Dauphine s'était vu attribuer comme dame d'honneur à son arrivée en France la comtesse de Noailles, qu'elle avait aussitôt surnommée « Madame l'Etiquette ». Cette duègne à la française ne vivait que dans la stricte observation des usages, rites et convenances. Etait-elle sotte ? Une contemporaine assure qu'elle était la preuve vivante de ce que « la réserve et un grand usage du monde peuvent suppléer à l'esprit[11] ». La première femme de chambre de la Dauphine, Mme de Misery, était elle aussi, disait-on, férue d'étiquette et n'appréciait guère que la jeune Autrichienne éclatât de rire « comme une bourgeoise du Marais ». Les gens rassis lui trouvaient un esprit railleur au point d'être parfois blessant, et l'on rapportait qu'elle avait hérité de la légèreté et du goût des plaisirs de son père, François, duc de Lorraine, si farouchement français qu'après avoir épousé l'impératrice d'Autriche, il ne consentit jamais à apprendre l'allemand.

Jean-Louis Fargeon ne retenait qu'une chose : la future reine de France était jeune et belle et, par conséquent, l'image de la cliente idéale. Ne l'avait-on pas décrite, alors qu'elle avait quinze ans, comme « éclatante de fraîcheur, [...] mieux que belle à tous les yeux. Sa démarche tenait à la fois du maintien imposant des princesses de sa maison et des grâces françaises ; ses yeux étaient doux, son sourire aimable[12] » ? Il apparaissait que son mariage avec le Dauphin avait fouaillé le commerce de luxe de la capitale. On racontait dans la boutique des Fargeon que la « question du fard » avait été discutée chez le ministre des Finances lui-même. L'étiquette exigeait qu'au moment des présentations à la Cour, les grandes dames fussent très abondamment fardées et ces occasions se multipliant, de nouveaux achats furent envisagés et un fabricant offrit cinq millions pour obtenir l'exclusivité du rouge. Le dialogue entre l'homme d'Etat et le chevalier d'Elbée avait été rapporté par ce dernier, qui en tirait fierté :

« Monsieur le ministre, combien de pots de rouge vend-on annuellement ?

— Deux millions.

— Frappez donc chaque pot d'une taxe de vingt-cinq sols. Cela constituera une pension pour les veuves pauvres d'officiers[13]. »

Il n'y avait pas à en douter. Paris était le seul lieu où pouvaient être reconnus et récompensés les dons d'un jeune parfumeur. Là se trouvait le centre du goût et de l'élégance, et une merveilleuse égérie venait d'y arriver. Jean-Louis fit part de son projet à sa mère et il lui vanta la Dauphine en des termes sans doute proches de ceux de la marquise de Durfort (« Elle a un charme qui nous tournera la tête ; je ne vous parle pas de sa figure, je la trouve charmante[14]. ») :

— Ma décision est prise, mère. Je serai fournisseur de la Cour.

— La Cour est un lieu de perdition et l'on y est exposé à tous lcs aléas de fortune. Les courtisans, dit-on, paient rarement leurs dettes.

Cependant, sachant que sa ville n'offrait pas à son aîné un champ digne de lui, elle s'inclina devant sa résolution.

L'excellente réputation de la maison montpelliéraine avait atteint Paris, où un cousin Fargeon exploitait, sous l'enseigne de la parfumerie d'*Oriza*, une boutique installée dans l'enclos dit « privilégié » de la cour du Louvre. Il exerçait dans ce lieu faute d'avoir été reçu dans la communauté des gantiers-parfumeurs et avait la faculté de tenir son commerce, sans être sujet à la juridiction et à la visite des maîtres de ladite communauté. Les produits de la maison *Oriza* n'en étaient pas moins renommés, notamment ses préparations destinées à entretenir la fraîcheur du teint et composées à l'intention de la célèbre Ninon de Lenclos. Par l'intermédiaire de cette branche parisienne de la famille, Jean-Louis fut informé qu'il pourrait parfaire son apprentissage auprès de la veuve de Jean-Daniel Vigier, née Marie-Geneviève Boutron, établie rue du Roule, en la paroisse de Saint-Germain-l'Auxerrois.

Il vit comme un signe de bon augure le fait que la boutique fût proche de l'église où avait été célébrée la messe solennelle du mariage du Dauphin. Sa mère fut rassurée en constatant qu'il serait voisin des marchands de Provence qui offraient aux chalands les « eaux de fleurs d'oranger et autres essences fortes ou douces » près du cloître Saint-Germain-l'Auxerrois dans le quartier dit « cul-de-sac des Provençaux ». Les renseignements pris étaient excellents. Feu Jean-Daniel Vigier avait été parfumeur ordinaire du Roi et membre de la prestigieuse communauté parisienne. Mme Du Barry et de hauts personnages de la Cour et de la ville lui assuraient une clientèle brillante. Son épouse, née Boutron, était issue d'une grande famille du négoce et passait pour une commerçante avisée. Un contrat fut donc conclu entre les deux veuves : Jean-Louis passerait auprès de la veuve Vigier l'année destinée à le préparer à la maîtrise.

Les conditions de l'engagement étaient celles partout en usage pour un apprenti : il devait le respect à son maître « comme s'il était son père », il était tenu de garder le secret sur tout ce qui touchait à son activité, de vivre en bonne intelligence avec ses compagnons et de se montrer « propre et modeste ». Il fut convenu que la somme versée par les Fargeon ferait partie d'une rente viagère de quarante mille livres réglant le prix du fonds dont, après sa maîtrise, le jeune parfumeur ferait l'acquisition.

Une parfumerie parisienne

Au début de l'an 1773, Jean-Louis prit la diligence de Paris. Le long voyage lui sembla bref, tant il était occupé à rêver à sa gloire future. A l'aube d'une belle journée, il fit son entrée dans la capitale par le bureau d'octroi de la route d'Orléans, avec pour tout bagage ses vingt-cinq ans, son agréable tournure et un savoir-faire professionnel déjà fort appréciable. Il s'arrêta quelques instants dans une guinguette face à la barrière Saint-Jacques, et un verre de vin lui fit reprendre ses esprits.

L'air était doux, mais l'odeur peu plaisante. Paris méritait son surnom de « ville de boue ». Il allait constater par la suite qu'au Louvre, aux Tuileries, au Palais de Justice, au Palais-Royal, il en allait de même. La Seine, charriant ordures et immondices de toutes sortes, était polluée par la rivière des Gobelins et par les rejets des hôpitaux et des ateliers. Les relents des fosses d'aisances étaient insupportables, car aucun propriétaire ne respectait les règlements d'hygiène. Le jeune homme n'en avait cure cependant : en esprit, il s'enivrait de l'air vif de la capitale des idées nouvelles. Il gagna la rue du Roule en faisant un détour pour voir la place Louis-XV, nouvellement achevée, dont on louait fort les pavillons conçus par Gabriel, la rue Royale et l'église de la Madeleine en construction. Il longea les grilles des jardins des Tuileries avant de gagner l'îlot du Roule, qui occupait une place centrale dans le quartier des Halles. La rue, « d'une largeur convenable, bordée de maisons remplies de marchands de toutes espèces, semblait une des plus peuplées et des plus fréquentées de Paris[15] ». La circulation était fluide au débouché du Pont-Neuf et plus dense au nord, où l'étroite rue des Prouvaires débouchait sur le portail de Saint-Eustache.

Au numéro 11, la maison de quatre étages de Vigier était, avec ses balcons, lucarnes et pignons, identique à toutes celles qui bordaient la rue. Le plan de lotissement qui avait imposé cette régularité avait été établi en 1691 sur une parcelle occupée auparavant par l'Hôtel de Maisons. Le jeune provincial poussa la porte le cœur battant. Au premier coup d'œil, la boutique ne semblait pas très différente de celle de son père, mais tout y était plus raffiné et délicat. Les murs étaient recouverts de boiseries peintes en blanc perle relevé de bleu porcelaine. Les étagères en bois d'acajou montaient jusqu'à un plafond décoré d'angelots joufflus s'ébattant dans un ciel en trompe-l'œil. Elles contenaient des boîtes, flacons, articles de toilette, gants, jarretières et tout ce qui pouvait être nécessaire aux femmes de qualité. Une subtile senteur de fleurs faisait oublier l'air de la rue et il la respira avec ivresse. L'endroit lui plaisait : il était visiblement consacré au désir de séduire.

La maîtresse des lieux avait passé la quarantaine, mais elle était fort avenante et avait la taille bien prise. Elle détailla des pieds à la tête le jeune homme, d'une façon qui, à Montpellier, eût paru le comble de l'effronterie.

— Je suis bien aise de vous savoir ici, dit-elle enfin. J'aime les gens de bonne mine et vous me paraissez très propre à votre emploi. Je sais que votre formation fut excellente et la réputation de votre famille n'est plus à faire. Vos cousins m'ont été plusieurs fois d'un grand secours. Aussi, leur recommandation en votre faveur a été pour moi d'un grand poids. Je souhaite prendre du repos et la proposition d'achat en viager qu'a faite Madame votre mère m'agrée. Si Dieu le veut, vous succéderez à mon défunt mari. Comme nous en sommes convenus, je vous donnerai les moyens d'être reçu à la maîtrise.

Elle lui exposa longuement ce à quoi il devait s'attendre. Le commerce était florissant, certes, mais exigeait beaucoup de prudence et de discernement. On surnommait l'entourage de Sa Majesté la « Cour parfumée », et l'usage des parfums se développait sans cesse. C'était la vérité, car en cette année 1774, le comte de Fersen, découvrant Paris, s'était exclamé : « Quelle débauche de bijoux, de parfums ! Et cette odeur si particulière aux salons de ce pays ! » Fargeon fut surpris par une coutume qu'on ignorait à Montpellier : les Parisiens de qualité parfumaient les parois des pièces pour en ôter la fâcheuse odeur d'oignon du vernis dont elles étaient revêtues. Fièrement, elle cita les clientes les plus remarquables, Mme Du Barry et la princesse de Guéménée, grande amie de la Dauphine. Elle convint que certains courtisans avaient une fâcheuse tendance à ne pas régler leurs mémoires et il fallait, en les présentant, se montrer ferme sans être importun. Les goûts étaient incroyablement divers ; la comtesse de Sainte-Hermine se ruinait en jarretières parfumées et l'abbé d'Osmond en poudre à la violette. Les gens de qualité usaient d'un parfum différent selon le moment de la journée. Le parfumeur Bailly, qui avait introduit l'usage des savonnettes moulées et parfumées dès 1713, avait fait fortune et mené un train de grand seigneur.

— Avez-vous bonne mémoire ? demanda-t-elle.

— Les pères oratoriens en étaient satisfaits, Madame.

— Voilà qui tombe à merveille, car il vous faudra retenir les préférences de chacun. On voit à vos façons que vous avez reçu une excellente instruction. Elle vous servira ici. Notre clientèle ne déteste rien tant que des rustres sans éducation.

Le soir tombait et après un dîner frugal, le jeune provincial prit possession de la petite pièce de l'entresol qui lui était destinée. Le lendemain, il se mit au travail avec ardeur. A chaque instant, il devait quitter le laboratoire pour la boutique où la maîtresse des lieux tenait à le présenter à ses principales clientes. Il s'étonna que de grandes bourgeoises prissent la peine de se déranger en personne. La veuve Vigier lui apprit qu'elles aimaient se rencontrer chez elle, s'y trouvant en quelque sorte en terrain neutre. Elles pouvaient parler en toute liberté, car elles savaient que rien ne serait répété. Elle invita le jeune homme à se montrer aussi discret qu'elle-même.

— Il n'est pas de commerçant prospère avec la langue bien pendue. Nous avons affaire à des courtisans qui s'affrontent et se querellent sans cesse. Il nous faut beaucoup de diplomatie pour n'indisposer aucune des factions aux prises. Une indiscrétion ou un faux pas peuvent nous perdre. Il vous faut savoir cela.

Les jours suivants, il découvrit les Parisiennes : des femmes extrêmement parées ; les unes assez laides et qui s'en doutaient, car elles tâchaient d'avoir si bon air qu'on ne s'en aperçût pas ; d'autres qui ne s'en doutaient point du tout et qui, de la meilleure foi du monde, prenaient leur air de coquetterie pour un joli visage[16]. Beaucoup de clientes lui faisaient compliment de sa bonne mine et l'aguichaient au point de lui faire croire qu'elles lui jetaient le mouchoir. Certaines décochaient des allusions d'une telle impudence qu'il rougissait jusqu'aux oreilles, ce qui les faisait pouffer de contentement. Il leur trouvait un feu dans le regard et une licence qui eussent horrifié sa mère. A Montpellier, les dames de haut lignage jouaient aux prudes et les nobles cachaient mal leur mépris pour la roture.

A Paris, bien qu'il fût jeune et en position encore subalterne, les nobles courtisans ne s'adressaient à lui qu'avec courtoisie. Il est vrai que, en général, c'était moins des grands seigneurs et des hommes de la Cour qu'on avait à se plaindre, que de la noblesse de province, pauvre et peu éclairée. Cela ne doit pas surprendre, car celle-ci n'avait de jouissance que celle de ses titres qu'elle opposait sans cesse à la supériorité réelle d'une classe bourgeoise dont la richesse et l'instruction la gênaient et l'humiliaient. A son urbanité, on reconnaissait presque toujours un homme de la Cour[17].

Le jeune homme était effaré par la façon dont ces nobles si courtois parlaient de leurs pairs dès que ceux-ci avaient le dos tourné. Mme de Marsan, gouvernante des filles du roi, clouait au pilori le goût des fêtes et la coquetterie de la Dauphine. La Du Barry était la cible d'épigrammes féroces et de propos outrageants. On n'hésitait pas à commettre en paroles le crime de lèse-majesté en étrillant le roi lui-même. Fargeon reconnaissait le portrait du courtisan que lui avait fait son père. Il avait eu raison de dire que la France était ruinée par ces prébendiers et qu'il faudrait songer un jour à réformer, sinon à supprimer la monarchie. Le parfumeur ajoutait toutefois avec un sourire que la république était, comme l'avait observé

M. de Montesquieu, fondée sur la vertu, mais que, hélas, ce n'était pas sur la vertu que reposait la prospérité de la parfumerie.

Rue du Roule, on plaisantait des sujets les plus graves, sans même baisser la voix. Jean-Louis avait l'impression de surprendre bien malgré lui des secrets d'Etat. N'allait-on pas le compromettre dans des intrigues de cour ? Il s'ouvrit de son inquiétude à la veuve Vigier.

— Vous n'avez rien à craindre si vous savez vous taire. Ici, on peut tout entendre à condition de ne rien répéter.

— Mais ils parlent du Dauphin en des termes à peine croyables ! Ils le dépeignent comme un lourdaud, qui n'aime que chasser et regarder les étoiles dans une lunette.

— Ce sont en effet ses goûts principaux.

— Ils vont jusqu'à dire qu'il n'a pas consommé son mariage.

La veuve Vigier se borna à répondre :

— Comme le dit joliment l'une de mes amies, il annonce simplement par sa conduite dans son ménage que notre prochain roi manquera de fermeté.

— Cela devrait rester secret.

— Rien n'est secret à la Cour, et tous les secrets aboutissent dans les boutiques de mode. C'est pourquoi les espions les fréquentent. N'avez-vous pas remarqué un grand escogriffe qui, sous prétexte qu'il a la passion des gants, est toujours fourré ici ? C'est le secrétaire de l'ambassadeur d'Espagne qui vient faire provision de rumeurs. Ne doutez pas qu'il est là non pour nous acheter des gants, mais pour informer son maître[18].

Une visite chez Mme Du Barry

Jean-Louis Fargeon commençait à s'impatienter quand, enfin, se présenta la circonstance qui allait le distinguer de ses collègues. Mme Du Barry, ayant entendu vanter par la veuve Vigier les talents de son futur successeur, demanda qu'il lui fût présenté. Un matin, il s'assit donc sur le coussin fatigué d'une banquette de coucou et prit pour la première fois, au rythme des sabots, la route de Versailles.

Il fut émerveillé par le château mais, quand il y pénétra, il respira une odeur qui lui donna le tournis. « Le parc, les jardins, le château même font soulever le cœur par leurs mauvaises odeurs. Les passages, cours, bâtiments et corridors sont remplis d'urine et de matières fécales. Au pied même de l'aile des ministres, un charcutier saigne et grille ses porcs tous les matins. L'avenue de Saint-Cloud est couverte d'eaux croupissantes et de chats morts[19]. »

Lorsqu'il se fit annoncer, il se trouva que Sa Majesté était auprès de la favorite. Pour la commodité de leur commerce, elle logeait dans les petits appartements du deuxième étage, au-dessus des cabinets du roi. Fargeon entendit malgré lui leur conversation, dans la minuscule pièce où on lui avait enjoint d'attendre le départ du souverain. Il n'en saisit qu'une réplique, lancée d'une voix moqueuse :

— Allons donc, sire, est-ce que les rois vieillissent ?

Il redoutait que le roi, en passant devant lui pour quitter la pièce, ne crût qu'il l'avait espionné. Il n'avait jamais vu Louis XV autrement que sur les monnaies et les gravures. Le Bien-Aimé « était encore dans sa vieillesse le plus bel homme de son royaume ; sa physionomie offrait un mélange parfait de grâce et de majesté ; sa taille était admirablement proportionnée ; une expression d'ineffable douceur tempérait la fierté de son regard ; rien ne pouvait égaler le charme de son sourire ; sa voix allait à l'âme[20] ». Quand Fargeon pénétra dans le boudoir, le roi s'était esquivé par une autre porte. La comtesse était allongée sur une méridienne, la tête appuyée sur sa main, de manière à faire valoir le plus joli bras du monde. Cette pose laissait apercevoir la plus grande partie d'une jambe admirablement faite. Elle contempla un instant l'arrivant.

— Etes-vous le jeune parfumeur montpelliérain qu'on m'a recommandé ?

— Pour vous servir, madame la comtesse.

— Eh bien, jeune homme, vous avez bonne tournure. A ce qu'on m'a dit, votre talent ne dément point cette apparence. Montrez-moi quelques-unes de vos préparations.

Le cœur battant, il lui tendit une fiole d'*eau de cypre composée*, où le jasmin, l'iris, l'angélique, la rose et le néroli étaient soutenus par trois noix de muscade blanches pilées et par trente gouttes d'ambre. L'odeur en agréait même à ceux qui avaient l'ambre en horreur.

La jeune femme fit tomber sur le dos de sa main une goutte sur laquelle elle inclina son joli nez. Elle trouva le parfum exquis et Jean-Louis, enhardi, lui fit sentir une composition plus audacieuse. Il avait introduit du cédrat, du néroli, de l'iris dans une eau-de-vie de Cognac additionnée de macis et d'une once de daucus. Elle dit que c'était là un mélange surprenant et revigorant comme un cordial et demanda le nom de ce parfum.

— Je l'ai nommé *eau sensuelle*, madame la comtesse.

Ce nom la fit rire, et il sentit qu'il avait gagné la partie. Après lui avoir recommandé, pour la nature de peau, le *baume de La Mecque*, il lui présenta son nuancier de petits pots de rouge de différents tons selon les circonstances. Il était particulièrement fier des neuf nuances qu'il avait obtenues en augmentant la poudre de talc d'une demi-once jusqu'au *déblanchi*, qui est une livre de talc sur un gros de carmin. Il avait ajouté des gouttes d'huile d'olive à la gomme afin que les rouges fussent aussi onctueux que liés.

Enfin, il ouvrit la petite boîte des mouches taillées avec des emporte-pièces de fer dans du taffetas gommé noir : ronds, croissants, étoiles, et cœurs.

— Je gage, monsieur Fargeon, que vous ne connaissez pas leur langage.

— Vous avez raison, madame, mentit-il avec courtoisie.

— Il faut donc que je vous l'enseigne. Près de l'œil, l'humeur est assassine ; au coin de la bouche, elle appelle le baiser. Elle est friponne sur les lèvres, effrontée sur le nez, majestueuse sur le front, galante sur la joue, enjouée sur le pli du rire, discrète sur la lèvre inférieure et lorsque celle-ci dissimule un saphir[21], n'est-elle pas receleuse ?

Mme Du Barry souhaitant accentuer le blond naturel de ses cheveux, il lui promit de lui fournir une composition de safran, curcuma, millepertuis, racines de polypode, gentiane, santal citrin ou rhubarbe. Si elle en usait pour se faire laver régulièrement les cheveux, ils seraient plus blonds qu'ils ne l'étaient, mais il ajouta galamment qu'il doutait fort qu'ils pussent devenir plus beaux.

Par cette phrase, qui aurait pu paraître flatterie marchande, Jean-Louis Fargeon entendait faire comprendre à la comtesse la vérité qu'il professait : que rien ne valait la beauté naturelle entretenue par des soins judicieusement prodigués à la peau. L'entrevue avait duré plus d'une heure. Le jeune parfumeur était très étonné d'avoir trouvé la favorite aussi différente du portrait que ses détracteurs en traçaient. Ainsi, la duchesse de Choiseul avait depuis longtemps renoncé à l'honneur de la société intime du roi, plutôt que de s'y trouver avec Mme Du Barry. La Dauphine ne pouvait la souffrir et ne l'appelait jamais autrement que « la créature ». Fargeon ne comprenait pas qu'on jugeât aussi sévèrement une femme à propos de laquelle il eût applaudi, s'il l'avait connu, le jugement du marquis de Bouillé, pour qui « son ton n'avait rien de commun, encore moins de vulgaire ; sans avoir un esprit brillant, elle n'en manquait point autant qu'on s'est plu à le dire. Elle aimait à parler et avait attrapé l'art de conter assez gaiement. La bonté, voilà le trait distinctif de son caractère. Elle était bonne et aimait à obliger, n'avait point de rancune et était la première à rire de toutes les chansons qu'on faisait sur elle. Il suffisait de l'entrevoir une fois pour deviner cette qualité dominante, qu'aucune déception n'avait pu aigrir. Elle avait pris le ton et les manières des femmes de la Cour ». Le marquis de Bouillé ajoutait à ces éloges que Mme Du Barry, avec « un air très noble qui rehaussait une beauté irréprochable, était instruite, avait beaucoup lu. Sa conversation était intéressante et elle était, après la toilette, sa principale occupation[22] ».

La veuve Vigier fut ravie d'apprendre que son successeur avait fait la conquête de sa plus illustre cliente. Elle ne partageait pas les préjugés des nobles sur la roturière bien-aimée et, en jolie femme qui n'a pas renoncé à plaire, elle détestait duègnes et bigotes.

La réception du maître gantier-parfumeur

Jean-Louis passait ses journées à se préparer à la maîtrise. Il se plongeait souvent dans le gros ouvrage contenant les statuts de la profession. Nul ne pouvait être reçu « marchand maître gantier-parfumeur » s'il n'avait fait quatre ans d'apprentissage, suivis par trois autres années en qualité de compagnon. Cela ne s'appliquait pas aux fils de maîtres, mais ils étaient tenus comme les autres de réaliser un « chef-d'œuvre » qui, pour eux, se nommait « expérience », ce qui ne changeait en rien sa nature.

Le candidat décida, après mûre réflexion, de parfaire la *toilette à la mode de Montpellier*, saisissant l'occasion de rendre hommage au travail de ses ancêtres. La veuve trouva l'idée excellente et vanta à l'avance à ses clientes la merveille qu'il préparait. Lorsqu'il lui en fit respectueusement le reproche, elle lui répondit, en habile commerçante, qu'elle voulait éveiller pour le futur produit l'intérêt de la plus illustre clientèle.

Sans relâche, il travaillait à sa « toilette ». Le mot venait de la toile tendue sur la table de marqueterie ou de bois précieux et imprégnée d'un délicat parfum. Pour porter à la perfection la *toilette à la mode de Montpellier* il convenait non de modifier la préparation de la toile, mais d'améliorer la composition du précieux mélange dont elle serait enduite, de modifier les proportions de ses composants, l'alléger de certaines et en adjoindre d'autres. Il importait d'être patient.

Dans le secret du laboratoire, il inscrivit sur son carnet de formules* :

« Employer une toile neuve et peu serrée, que l'on coupe à la grandeur dont on juge à propos de faire la toilette. Commencer à purger cette toile en la lavant plusieurs fois dans l'eau commune. L'étendre ensuite pour la faire sécher et, après cela, la faire tremper vingt-quatre heures dans de l'eau de senteur, moitié d'ange et moitié de roses. La retirer. En exprimer légèrement les eaux, la mettre en pompe du jour au lendemain. L'exposer à l'air où elle séchera. Puis, pour finir, la charger de la composition suivante : une demi-livre de fleurs d'orange séches, une demie de racines de campana, une demie d'iris de Florence, quatre onces de bois de santal citrin, deux de marc d'eau d'ange, une de bois de rose, une de souchet, une demie de labdanum, une demie de clous de girofle, une demie de calamus et deux gros de cannelle. Tout réduire en poudre dans un mortier avec de la gomme adragante, détrempée avec de l'eau d'ange. En faire une pâte. En frotter vivement les deux côtés de la toile, sur laquelle sont laissés les morceaux qui s'y attachent. Ils la rendent plus unie. La faire sécher à moitié et la frotter encore des deux côtés pour l'unir davantage avec une éponge imbibée d'eau d'ange ou de mille-fleurs. La faire sécher pour la dernière fois et la plier. Le dessous de cette sorte de toilette est communément en

* Cf. annexe 4.

taffetas, et le dessus, de tabis ou de satin. Elle ne doit être renfermée qu'entre deux morceaux d'étoffe de soie.

« Pour la deuxième phase, prendre une livre de fleurs d'orange sèches, une d'iris de Florence, une demie de racines de campana, douze onces de marc d'eau d'ange, deux d'écorces sèches de citron, deux de souchet, une de clous de girofle, une d'écorce d'orange sèche, une de calamus, une de labdanum et une d'eau de cannelle. Les réduire en poudre mêlées ensemble l'une après l'autre, mises dans le mortier avec une quantité suffisante de gomme adragante, détrempée avec une partie égale d'eau de rose, formant en les pilant ensemble une pâte parfaite, dont on pourra charger les deux côtés de la toile, que jc laisse sécher et sur laquelle je rapplique la composition suivante : je broie un gros de musc et un demi-gros de civette dans le mortier. Je délaye dans de l'eau de senteur, avec une cuillerée de la pâte susdite, augmentée peu à peu avec de l'eau de mille-fleurs ou d'ange. Ensuite je prends une éponge avec laquelle je frotte ma toile de cette composition, en la rendant la plus unie qu'il est possible. Ceci exécuté, je la mets enfin sécher pour la dernière fois. Tandis qu'elle est humide, je la mets dans les plis qu'elle doit avoir. La précieuse toile, qui donne son nom à la toilette, est prête. »

Il était si satisfait de sa recette qu'il ne put s'empêcher de la commenter à la veuve Vigier : « Son sillage est merveilleux. Vive et forte, elle embaume sans écœurer. Je la crois admirable. » Il imagina encore de soumettre une innovation touchant au déshabillé, moins importante certes, mais qui pouvait mettre son savoir-faire en valeur. Pendant leur toilette, les élégantes portaient ce léger et suggestif vêtement d'intérieur. Il imagina de le ranger, entre deux utilisations, dans un « portefeuille », une pochette parfumée qui lui rendrait chaque matin sa délicate senteur.

Au matin du 1er mars 1774[23], jour de sa réception, son cœur battait la chamade, mais il n'était pas vraiment inquiet, car il avait conscience de sa valeur et de l'étendue de son savoir. A la tête de la communauté, quatre maîtres et gardes jurés assuraient le respect des règlements. Chaque juré restait deux ans en charge et, chaque année, les deux plus anciens jurés étaient renouvelés. Ils lui demandèrent surtout d'exposer la nouveauté touchant au déshabillé et ils en louèrent l'invention. Après la réception, le jeune homme fut conduit en grande pompe au Châtelet chez le procureur du roi, qui le reçut maître et lui fit prêter serment, selon l'article 8 du règlement de la corporation. Il fut déclaré « maître gantier-parfumeur-poudrier », en vertu de l'arrêt du conseil de 1745 et son nom fut inscrit sur les registres. A son retour à la boutique, sa protectrice le félicita et glissa dans ses conclusions une allusion à la nécessité où il était de prendre femme. Il en était convaincu, car nul ne pouvait envisager de tenir la boutique en célibataire. La veuve, le voyant disposé à écouter sa suggestion, dit qu'elle songeait pour lui à une paroissienne de Saint-Eustache, Victoire Ravoisié, dont le père, Guillaume-Louis, était fourbisseur ordinaire du Roi, c'est-à-dire armurier. Sa mère, Françoise-Charlotte Gouël, était issue d'une excellente famille, son frère aîné, Jean-Arnault, était architecte et le cadet, Gabriel-Louis, procureur au Châtelet. La veuve Vigier fit valoir que la jeune fille avait reçu une excellente éducation, aidait d'ores et déjà sa mère à tenir les comptes de la boutique paternelle et ferait, de toute évidence, une commerçante avisée.

Le prénom de Victoire lui paraissant de bon augure pour son succès à Paris, Jean-Louis Fargeon accepta qu'on poussât plus loin les pourparlers. La mère de la jeune fille, discrètement pressentie, fournit les références les plus flatteuses : on comptait dans la famille un consul de la Ville de Paris, un greffier des bâtiments, un bijoutier ordinaire du Roi, un ancien chirurgien major et d'autres parents pensionnés du Roi. Les amis de la maisonnée étaient avocats au parlement, contrôleurs des rentes ou marchands de draps. Pour sa part, la veuve Vigier ne manqua pas de présenter de façon avantageuse la famille de son successeur et de garantir son sérieux et son application au travail.

Le terrain ainsi préparé, Jean-Louis alla entendre la messe à Saint-Eustache à seule fin d'y entrevoir Victoire Ravoisié. Il eut tout le loisir pendant l'office d'observer la demoiselle, et elle lui fit excellente impression. Jolie sans être une beauté, d'un maintien gracieux, elle retenait sagement dans une mantille une abondante chevelure châtaine aux reflets d'or. Il s'attarda devant le grand bénitier pour la voir de plus près et, à son passage, il nota en expert qu'elle avait une belle carnation.

Dès qu'il eut donné son accord, il fut invité rue Coquillère, où il se rendit à titre officiel de prétendant. Il en informa aussitôt sa mère, sachant qu'une telle alliance ne pouvait que la satisfaire. Enfin, il commença à faire sa cour selon les convenances, qui exigeaient la présence d'une femme de la maison, tante ou cousine. Ces chaperons ayant souvent à faire ailleurs, il passait de longs moments au salon en tête à tête avec sa promise.

Victoire regardait avec admiration un soupirant qui, par son élégance et ses manières, tranchait sur la plupart des jeunes gens du négoce. Elle était curieuse de son futur état et elle lui dit que ce serait un grand changement pour elle, car, dans l'armurerie paternelle, elle avait été entourée depuis son enfance d'épées et de mousquets.

— Vous serez plus à votre place au milieu des parfums et des fleurs, lui dit Jean-Louis.

Il fut ravi de la voir rougir à cette banale galanterie. La demoiselle n'était pas fille à jeter son bonnet pardessus les moulins ! Elle lui demanda si elle devrait se parfumer, et il lui répondit qu'il lui faudrait s'en tenir à des eaux de senteur qu'il lui composerait au fil des saisons.

Victoire avoua que, n'ayant jamais pénétré dans la boutique d'un parfumeur, elle ignorait tout de cette profession et souhaitait en être instruite. Les yeux brillants d'enthousiasme, Fargeon se lança dans l'éloge lyrique de son métier :

— Parmi les arts enfants du luxe et de la richesse, il n'en est aucun qui produise de plus voluptueuses sensations que celui de parfumeur. Sans cesse occupé à recueillir les aromates qui s'exhalent des fleurs, des écorces ou du bois de quelques végétaux odoriférants, il fixe leurs odeurs dans des eaux spiritueuses, des huiles et des essences. Il crée à son gré de nouvelles odeurs, des sensations chaque jour plus agréables et fait jouir tout à la fois des parfums de toutes les saisons, de tous les climats, de tous les pays.

— Cela doit être bien difficile ?

— En effet, cet art ingénieux n'est pas sans difficulté pour ceux qui veulent y obtenir des succès constants et mérités. Connaître la théorie des odeurs, la manière de les extraire des substances qui les contiennent, de les conserver unies avec celles qui leur présentent plus d'affinités, savoir quels effets ces mélanges produiront sur l'odorat, les sensations les plus voluptueuses et les plus douces ; étudier les méthodes d'après lesquelles on a composé jusqu'ici les cosmétiques et les parfums : telles sont les connaissances théoriques, nécessaires au parfumeur qui veut exceller dans son art[24].

Au cours de leurs rencontres suivantes, il lui offrit différentes essences et il constata avec plaisir qu'elle avait bon nez et distinguait aisément les senteurs élémentaires. Il lui dit un jour qu'elle serait souvent exposée à entendre les bavardages des clientes et qu'il conviendrait de n'en jamais rien répéter.

— Pour cela, vous n'avez guère à craindre. Le bavardage mène à la médisance, et c'est un péché dont j'espère n'avoir jamais à me confesser.

Il fut confirmé par cette réponse dans la certitude que la veuve Vigier avait su admirablement choisir sa future épouse.

II

Les notes de cœur

1774-1782

« A vous qui aimez tant les fleurs, je vous offre ce bouquet. »

Louis XVI à Marie-Antoinette.

Reine de France... et de la mode

La comtesse Du Barry avait promis au jeune parfumeur de parler de lui au roi avec louanges afin d'établir son crédit à la Cour, mais Louis XV ne devait jamais entendre cet éloge. Moins d'un mois après que Jean-Louis Fargeon fut devenu maître, un soir d'avril 1774, le roi fut pris de frissons en rentrant de la chasse. Les médecins diagnostiquèrent la variole, mal dont, au bout de neuf jours, l'on réchappe ou l'on meurt. Jean-Louis en connaissait les méfaits pour avoir inventé des remèdes contre les marques de cette maladie[25]. Le 9 mai, le roi reçut l'extrême-onction. Ses boutons, en séchant, lui avaient fait, selon un témoin, « une tête de Maure, de nègre, cuivrée et enflée ». L'odeur était insupportable. Il expira le lendemain.

Rue du Roule, on commentait abondamment ce qui se passait à Versailles. Un petit maître assura qu'il tenait d'une femme de chambre le dernier entretien du moribond avec sa favorite.

— Madame, à présent que je suis au fait de mon état, avait dit Louis XV, il ne faut point recommencer le scandale. Je me dois à Dieu et à mon peuple. Il faut que vous vous retiriez.

La belle pécheresse, en larmes, lui avait baisé la main avant de partir pour sa maison de Rueil.

Fargeon était désolé d'avoir échoué si près du port.

— De tout mal peut venir un bien, lui dit la veuve Vigier. Vous perdez la favorite, mais la nouvelle reine aime les parfums à la passion et elle est fort coquette. Il n'y a plus de limite à sa dépense, et l'on dit que son époux fait toutes ses volontés. C'est d'elle qu'il faut attendre désormais votre prospérité.

Louis XVI avait vingt ans et Marie-Antoinette dix-neuf. « Mon Dieu, guidez-nous, protégez-nous, nous régnons trop jeune ! » s'était écrié le nouveau monarque. Désormais, seule la reine donnait le ton des modes. Pourtant, un méchant couplet circulait :

Petite reine de vingt ans
Vous qui traitez si mal les gens,
Vous repasserez la barrière[26] *!*

La diffamation commençait à la persécuter. Fargeon put lire dans les *Nouvelles Ephémérides* de Baudeau, à la date de l'avènement des jeunes souverains : « On tire à boulets rouges sur la reine et il n'est pas d'horreur qu'on en débite. C'est la cabale jésuitique du chancelier Maupeou et des vieilles bigotes de tantes qui font courir ces bruits pour la perdre[27]. » Mal informée, l'impératrice écrivait à sa fille : « Je ne saurais vous exprimer ma joie particulière de ce qu'on entend : tout l'univers est en extase. Il y a de quoi : un roi de vingt ans et une reine de dix-neuf ! Toutes leurs actions sont comblées d'humanité, générosité, prudence et grand jugement. » La « petite reine » prenait les calomnies en plaisanterie. En décembre 1775, elle écrivait à sa mère : « Nous sommes dans une épidémie de chansons satiriques. Pour moi, je n'ai pas été épargnée ; on m'a très librement supposé deux goûts, celui des femmes et des amants. » On lui prêtait jusqu'à des amours avec son amie Mme de Lamballe et, pour faire bonne mesure, avec sa modiste Mlle Bertin. Ces calomnies étaient trop ridicules pour qu'elle s'en souciât. Sans doute avait-elle tort de les négliger. Qui aurait osé par de froids et solides raisonnements interdire les amusements d'une reine vive, jeune et jolie ? Une mère, un mari seuls en auraient eu le droit, et le roi ne portait nul obstacle aux volontés de Marie-Antoinette... il était esclave de tous ses désirs[28].

Les marchands suivant la Cour n'étaient pas en reste. Un bijoutier eut l'idée de mettre le portrait du roi et de la reine sur des boîtes simples, doublées de galuchat. On donna à cette fantaisie le nom de *consolation dans le chagrin*. Rose Bertin conçut un *pouf* convenant à la circonstance. C'était une composition étonnante : sur la gauche se dressait un grand cyprès garni de soucis noirs au pied duquel un crêpe figurait un fouillis de racines ; du côté droit, une grosse gerbe de blé était couchée sur une corne d'abondance d'où sortaient en quantité des raisins, melons, figues et autres fruits parfaitement imités, le tout emmêlé de plumes blanches.

Il fallait comprendre que, tandis que la douleur de la perte du roi plongeait ses racines les plus profondes au cœur de ses sujets, le nouveau règne promettait d'abondantes richesses. Ce pouf allégorique fut vite remplacé par le *pouf à l'inoculation*. Louis XVI avait été inoculé contre la variole le 18 juin 1774 et le succès de ce que l'on n'appelait pas encore une vaccination inspira la modiste. Elle conçut, sous un soleil levant, un olivier chargé de fruits autour duquel s'enlaçait un serpent qui soutenait une massue enguirlandée de fleurs. En clair, le serpent d'Esculape terrassait le monstre de la petite vérole à la lumière du nouveau roi et dans la paix que symbolisait l'olivier.

Le mariage de Jean-Louis Fargeon fut célébré à Saint-Eustache, paroisse de l'épouse, comme le voulait la coutume. Le contrat fut établi devant maître Paulmier, le 26 juillet 1774[29]. Le régime matrimonial était la communauté de biens, meubles et immeubles, selon la coutume de Paris. Les jeunes époux étaient entourés de leurs témoins. Ceux de la mariée étaient des marchands, un avocat au parlement, un ancien consul et un contrôleur des rentes. Ceux de Jean-Louis étaient Louis-Sébastien Mercier, maître ès arts en l'université et futur auteur d'un célèbre *Tableau de Paris*, Etienne Chaulair, peintre du roi, et Pierre Guiraud, docteur en médecine de l'université de Montpellier.

Le ménage s'installa au-dessus de la boutique de la rue du Roule, dans l'appartement qui avait été celui des Vigier. Victoire jouait son nouveau rôle à la perfection ; elle savait se montrer aimable sans complaisance et respectueuse sans flagornerie. Les époux s'entretenaient de l'avenir de leur commerce. Il s'annonçait favorablement, mais la concurrence n'en était pas moins rude. Elle venait, pour une part, des lieux « privilégiés » où artisans et ouvriers qui, sans avoir été reçus à la maîtrise, avaient licence d'exercer la profession de parfumeur en des lieux déterminés qui faisaient l'objet d'une surveillance étroite des lieutenants de police. Les confrères à plein titre du quartier du faubourg Saint-Honoré étaient des rivaux plus inquiétants. A la demande de Colbert, Le Nôtre avait percé dans la forêt de Boulogne une perspective vers la butte de l'Etoile. Grands seigneurs et fermiers généraux élevaient dans le nouveau quartier de superbes hôtels, dont les jardins prolongeaient ceux des Champs-Elysées. Pour être proches de leur clientèle, des parfumeurs s'installaient aux alentours. En 1775, un certain Jean-François Houbigant, qui bénéficiait du patronage de la duchesse de Charost, avait ouvert une boutique au 19, rue du Faubourg-Saint-Honoré à l'enseigne de la *Corbeille de Fleurs*. Il venait de lancer *l'eau d'Houbigant*, aux propriétés rafraîchissantes et adoucissantes, composée exclusivement de fleurs. Sa façon de vanter son produit suffisait à montrer qu'il serait un concurrent redoutable : « Elle est pour la beauté du visage ce que la rosée du matin est aux fleurs ; elle rafraîchit et tonifie la peau, tout en l'imprégnant d'une suavité exquise, elle lui donne un velouté des plus délicats et préserve le teint de toutes les affections cutanées. Employée dans le bain, le corps reprend sa force, l'énergie vitale y retrouve son stimulant[30]. » Houbigant vendait aussi de la poudre pour les perruques, des extraits aux mille-fleurs, des gants et des éventails, des pastilles à brûler et, en hommage à sa protectrice, une *pommade à la Duchesse.* On racontait qu'il avait fait porter à la reine deux parfums baptisés l'un *Marie-Antoinette* et l'autre

Marie-Thérèse, mais que la souveraine, trouvant la flatterie trop grosse, n'avait pas voulu les accepter.

Fargeon ne perdait pas de vue l'objectif qu'il s'était assigné : embellir l'éclat de la beauté par des cosmétiques artistiquement préparés et réparer les torts de l'âge ou de la nature envers le sexe, dont la plus douce jouissance est de plaire[31]. A la fois mari heureux de se prouver que son épouse ne le cédait en rien à ses nobles clientes et commerçant souhaitant familiariser Victoire avec les produits qu'elle était appelée à vendre, il lui demanda peu après son mariage de se prêter à une séance de toilette dans le style de la Cour. La jeune femme y consentit volontiers et, un matin, le parfumeur procéda à un soigneux nettoyage de sa peau au lait de beauté et ensuite à la lotion astringente, puis il se saisit d'un pinceau et commença à couvrir avec virtuosité le visage de son épouse d'un mastic blanc très délié en expliquant à mesure les opérations auxquelles il se livrait.

— Il faut veiller à ce que la lumière soit inégale car si elle était uniforme nous ne ferions qu'étaler un plâtras. Le blanc du front doit être plus éclatant que partout ailleurs. Il convient de le brunir très légèrement à l'approche des tempes où il peut même être un rien bleuté. Autour de la bouche, il faut une blancheur d'albâtre.

L'application du blanc prit si longtemps que Victoire perdit patience. Elle fit observer qu'une femme avait bien peu d'occupations sérieuses quand elle pouvait se livrer chaque matin à celle-là. Fargeon expliqua que la peau devait être comme laquée afin d'effacer les marques du soleil et, trop souvent hélas, de la petite vérole. Le blanc savamment distribué, il examina avec soin sa batterie de petits pots de rouge.

— La nuance du rouge doit toujours être choisie selon la circonstance et le caractère de la cliente. Le carmin de plein air, qui convient à une promenade en forêt, serait affreux à la clarté des chandelles. Le demi-rouge n'est employé que pour le coucher. Je t'épargne le rouge de cour, car il n'est pas convenable pour une honnête femme. « Ce n'est pas un moyen propre à flatter les yeux que d'arborer un vermillon terrible, car on ne flatte pas un organe en le déchirant[32]. » Je vais user pour toi du rouge le moins violent qui soit.

Quand il eut terminé, il cerna les yeux de Victoire d'un léger trait noir, puis il fit luire, au moyen d'une pommade, ses lèvres, ses sourcils et ses cils après les avoir brossés au moyen d'un peigne minuscule.

Quand il lui présenta le miroir, Victoire eut un mouvement de recul devant l'image de jolie marquise que celui-ci lui renvoyait.

— Ce n'est pas moi !

— C'est toi après la toilette. Je te garantis qu'à la Cour, tu ferais des jalouses car ta beauté est restée naturelle. Ce que tu vois là n'est qu'une partie du travail. Il reste la coiffure, mais elle n'est pas de mon ressort, hormis, bien sûr, la *poudre à la Fargeon* que nous fournissons aux coiffeurs.

Il expliqua qu'une élégante se faisait coiffer et poudrer chaque jour par sa femme de chambre ou par un perruquier-coiffeur qui, muni d'une grosse houppe de soie, inondait de poudre perruques et cheveux. Afin de se protéger de ces nuages blancs, les femmes tenaient devant leur visage un grand entonnoir, le *cor-*

net à poudre. Les poudres les plus appréciées étaient celles à base d'iris que l'on appelait *poudres de violette*.

— Rends-moi mon vrai visage ! implora Victoire.

En détruisant son ouvrage à grand renfort d'eau de riz, il lui dit que les coquettes devaient éviter de conserver trop longtemps leur fard, car celui-ci comporte souvent des parties minérales corrosives qui ont, à la longue, de funestes effets[33]. On pouvait s'en défaire avec une eau d'orge perlé, de lentilles, de lys, de lait ou d'amande douce ou amère. Tout était affaire de peau, et il en allait de même pour les pommades. Certaines exigeaient l'huile d'amande douce, le baume blanc ou le beurre de mai, d'autres le cacao, le blanc de baleine, l'huile de quatre semences froides. Enfin, il conclut qu'il avait en horreur le bleu dont les dames de la Cour soulignaient le trajet de quelques veines pour mieux faire ressortir l'aristocratique blancheur de leur peau. Il n'y avait rien de plus contraire au naturel.

Victoire l'approuva et elle se déclara suffisamment instruite des mystères de la toilette. Elle s'intéressait davantage au négoce. Ainsi, elle encouragea la volonté de son mari d'ouvrir des succursales en province et à l'étranger. Les premières furent installées à Nantes et à Bordeaux, qui présentaient l'avantage d'offrir un tremplin vers les Antilles. Fargeon se fit payer en matières premières exotiques telles que la vanille, dont il tira une merveilleuse huile essentielle.

L'Angleterre faisait fureur et Voltaire avait vanté dans ses *Lettres anglaises* la beauté de ses jardins et la sagesse de ses institutions libérales et éclairées. Le luxe de la *gentry* était célèbre et il devait être possible d'y recruter une clientèle de choix. Le maître parfumeur décida de lui rendre visite. Après avoir débarqué à Douvres, il traversa le Kent et gagna Londres en admirant la beauté des campagnes d'un vert plus tendre que sur le continent. Peut-être partagea-t-il les impressions du comte de Tilly qui y trouva les femmes, en général, assez belles et quelques-unes plus laides que partout ailleurs, et les hommes assez richement vêtus, quoique généralement un habit brodé et une épée parussent plus les gêner que les parer[34]. La vie des riches Anglais évoquait la campagne et ils aspiraient toujours aux commodités du *comfortable*. De même, ils se souciaient beaucoup plus d'hygiène et de propreté que les sujets du Roi Très-Chrétien. Ils se lavaient les mains et le visage chaque jour et le corps entier deux ou trois fois par semaine. Beaucoup possédaient une baignoire, car ils tenaient le bain pour un complément des exercices du corps.

L'Angleterre avait une longue tradition en matière de parfums. La cour d'Elisabeth Ire raffolait des épices, des baumes et des essences animales importées d'Orient et d'Arabie par les navires vénitiens. Depuis 1730, un jeune Espagnol de Minorque, Juan Famenias Floris, vendait sa fameuse *Lavender* au Tout-Londres élégant. Il y ajoutait des essences de lavande, de bergamote, de thym ou de serpolet, des pommades à la rose et à la vanille, et tout ce qui pouvait plaire à une clientèle raffinée. Jean-Louis lui rendit visite et recueillit dans sa boutique des idées dont il était décidé à tirer le plus grand parti. Il ne quitta pas Londres sans avoir pris les contacts qui lui permettraient, le jour venu, d'y créer un établissement prospère.

Les extravagances de Rose Bertin

A Paris, la reine, comme la Fortune, favorisait les audacieux. La dernière extravagance de Rose Bertin avait achevé de la faire tenir pour la plus grande des modistes. Cette Picarde, née trente ans plus tôt dans une famille de paysans, avait fait du chemin depuis qu'à douze ans elle était entrée au *Trait Galant*, chez Mlle Pagelle, marchande de modes, comme saute-ruisseau chargée de livrer les robes, dans leur étui de coutil, aux clientes de qualité. La princesse de Conti, amusée par son babil, avait été à l'origine de sa prodigieuse ascension. Sa dernière création était « un panache en plumes, que les jeunes femmes élégantes portent sur le derrière de la tête ». Son nom était tiré d'un mémoire que le sieur Beaumarchais venait de publier contre le sieur Marin sous le titre *Quès aco, Marin ?*. Ce pamphlet avait eu tant de succès auprès du public gouailleur de Paris qu'un jour, se promenant au Palais-Royal, l'infortuné Marin avait été obligé de prendre la fuite devant une foule qui ne cessait de lui corner aux oreilles : « *Quès aco, Marin ?* » Marie-Antoinette se fit expliquer le sens de cette locution provençale et elle se plut à la répéter fréquemment dans l'intimité.

La Bertin s'avisa de bâtir un nouvel échafaudage, composé de trois panaches, plantés derrière le chignon. Les cheveux se portaient alors relevés sur le front avec le secours d'épingles immenses ; ils étaient frisés à la pointe, et, par-derrière, formaient plusieurs rangées de boucles énormes. Cette coiffure, que complétait le *Quès aco ?*, fut appelée le *hérisson*. Tout est éphémère en matière de mode, mais c'est plus vrai encore quand il s'agit de coiffures. Bientôt apparut le *pouf aux sentiments* dont on put lire la description suivante : « Le *pouf aux sentiments* est une coiffure qui a succédé au *Quès aco ?* et qui lui est infiniment supérieure par la multitude de choses qui entrent dans sa composition et par le génie qu'elle exige pour les varier avec art. On l'appelle pouf à cause de la confusion d'objets qu'elle peut contenir, et aux sentiments parce qu'ils doivent être relatifs à ce qu'on aime le plus. Toutes les femmes veulent avoir un pouf et en raffolent. » Ce pouf rassemblait les éléments les plus divers : fruits, fleurs, légumes, oiseaux empaillés, poupées et bibelots de toutes natures. Il permettait ainsi d'affirmer ses goûts et ses sentiments.

Le principal coiffeur de la reine, le célèbre Léonard, excellait dans l'art de poser les poufs de gaze, qu'on introduisait entre les mèches de la chevelure. Un jour, il parvint, par un tour de force, à faire entrer jusqu'à quatorze aunes d'étoffe dans une seule coiffure. Les grandes dames rivalisaient d'extravagance. La duchesse de Lauzun apparut chez la marquise Du Deffant avec un pouf qui offrait au regard tout un paysage : une mer agitée avec des canards nageant sur ses bords, un chasseur à l'affût, au sommet de la coiffure un moulin dont la meunière se faisait courtiser par un abbé. Enfin, au bas de l'oreille, on voyait le meunier, mari ignorant son infortune, qui tirait par le licol un âne rétif.

Fargeon transvasait ses parfums dans les flacons de porcelaine de ses nobles clientes. Reposant sur un entrelacs de fleurs et de rocaille, ces objets d'art étaient ornés de miniatures aux thèmes mythologiques, galants ou champêtres : Cupidon et Bacchus, Vertumne et Pomone, Arlequin et Gilles, berger courtisant sa bergère, animaux familiers ou oiseaux exotiques, accompagnés de galanteries en lettres d'or : « Je suis fidèle », « L'amour passe, l'amitié reste », « La liberté me rend fidèle ». Un amour masqué tambourinait comme un sergent recruteur au-dessus de « J'engage les cœurs ». Fargeon avait plaisir à déchiffrer les rébus que portaient certains flacons : une gloire dorée se lisait « J'ai mis ma gloire à aimer » ; une femme haut troussée cherchait une puce sur sa jarretière au-dessus d'un « Son sort j'envie » ; un moine paillard portait sur le dos pour la rapporter à son couvent une gerbe de blé d'où jaillissait le bas du corps d'une belle dévêtue.

Mme de Pompadour avait réintroduit la tradition antique de la glyptique, et la plupart des flaconniers et des boîtes s'ornaient aussi de camées. Les nécessaires étaient gainés de galuchat, nom que l'on avait donné aux peaux de squale. Depuis 1750, le cristal de plomb, découvert en Angleterre, permettait de fabriquer en quantité des flacons aux montures d'or et d'argent. Partout régnaient les parfums les plus recherchés, et l'on ne rencontrait que marquises ambrées, petits maîtres chyprés, magistrats musqués comme fouines. Les moralistes dénonçaient ces débauches de senteurs, mais cela ne troublait guère cette société en trompe-l'œil, qui en usait et en abusait au même titre que du fard, de l'onguent et de la poudre.

« Mettez du rouge en furie ! »

En matière de mode, tout devait être « à la reine », jusqu'aux gestes et à la façon de s'exprimer. En termes de notre temps, la reine de France était l'étoile qu'épiait et admirait le monde élégant de toutes les capitales, de Madrid à Saint-Pétersbourg. Ceux qui n'avaient pas le privilège de l'apercevoir apprenaient comment elle était mise par les comptes rendus du *Journal des dames*. Le statut de souveraine de la mode dévolu à sa fille irritait l'impératrice Marie-Thérèse. Elle se fâcha en voyant l'un de ses portraits : « Non, ce n'est pas le portrait d'une reine de France, il y a erreur, c'est celui d'une actrice[35] ! » Pour sa part, l'empereur reprochait à sa sœur d'avoir introduit trop de modes nouvelles, et « il la tourmentait sur l'usage du rouge auquel ses yeux ne pouvaient s'habituer ». Un jour qu'elle en mettait plus que de coutume, devant aller au spectacle, il lui conseilla d'en ajouter encore et, indiquant une dame qui était dans la chambre et qui en avait à la vérité beaucoup : « "Encore un peu sous les yeux, dit l'empereur à la reine ; mettez du rouge en furie, comme madame." La reine pria son frère de cesser ses plaisanteries et, surtout, de ne les adresser qu'à elle seule[36]. »

La reine aimait les fleurs à la folie : rose, jonquille, lilas, violette ou lys. Fargeon confectionna une eau, une poudre et une pommade *à la reine*. Mais hors de cette passion, tout bougeait et se modifiait sans cesse. Ainsi, un jour de l'été 1775, Marie-Antoinette s'était présentée devant son royal époux dans une robe dont il s'exclama qu'elle avait « la couleur des puces ». Aussitôt, Paris et la province adoptèrent cette teinte et les teinturiers en varièrent les nuances : vieille et jeune puce, ventre, dos ou cuisses de puce. Un nouveau venu à la Cour s'entendait conseiller : « Ayez un habit puce, une veste puce et présentez-vous avec confiance[37]. »

On se répétait à la boutique le mot d'esprit du ministre Maurepas. Un jour, la reine, de vert vêtue, rencontre l'homme d'Etat qui préférait la voir se soucier de chiffons que des affaires du royaume : « Voyez un peu, lui dit-elle, à quelle simplicité je me réduis : me voilà vouée à l'uni, jusqu'à mes souliers, tout bonnement de satin vert uni. » Et Maurepas de répondre en s'inclinant : « Je ne m'étonne plus de voir l'univers à vos pieds[38]. » On connut par la suite les nuances « saumon intimidé », « chamois ». Monsieur ayant trouvé qu'une certaine étoffe de couleur avait la teinte cendrée des cheveux de la reine, une mèche de ceux-ci fut envoyée aux Gobelins et à Lyon pour qu'on en imitât la nuance. Soieries, velours et jusqu'aux ratines et aux draps n'eurent de prix que s'ils l'adoptaient.

Le grief de ruineuse futilité, qui allait faire tant de mal à Marie-Antoinette, commençait à ébranler le trône. On la disait « dépensière comme une femme à la mode, comme une favorite, mais non comme une souveraine ». En 1776, le roi avait payé sans broncher sur sa cassette privée les quatre cent quatre-vingt-sept mille livres de dettes qu'elle avait déjà contractées. Le bruit courait que pour imiter la reine, les dames françaises allaient à la ruine. A ce propos, la comtesse d'Adhémar prononça un plaidoyer où, à vrai dire, elle chargeait sa maîtresse en croyant la défendre : « L'affectation chaleureuse qu'elle mit à tout ce qui se rattachait à sa toilette fut le moyen adroit dont elle se servit pour écarter de sa personne les intrigants. On ne la voyait occupée qu'à décider du nombre, de la couleur et de la dimension des plumes, qui dès ce moment devinrent la cheville ouvrière de toute coiffure de cour. Les plumes que la reine mit en vogue firent véritablement fureur ; on en garnit les bonnets parés, les chapeaux avec une sorte d'extravagance. Les carrosses ne se trouvèrent plus assez élevés, il fallut ou s'y tenir à genoux, ou faire baisser les sièges, et avec les paniers, ceci était impossible[39]. » On fit des caricatures et des pamphlets contre les plumes et Mesdames Royales ne furent pas les dernières à blâmer cette fantaisie.

Fargeon voulait servir la beauté de Marie-Antoinette de façon moins tapageuse et plus naturelle. Il avait hâte de répéter sur elle l'entreprise de séduction qui lui avait si bien réussi avec la comtesse Du Barry avant de tourner court, mais il se demandait souvent si la reine avait pris ombrage de la brève faveur que lui avait témoignée la « créature ». Victoire lui assura qu'il n'y avait rien à craindre de tel.

— Tu étais inconnu quand elle t'a distingué. Chacun sait que Mme Du Barry était très exigeante en matière de fournisseurs. Le fait qu'elle t'ait encouragé est une recommandation plus qu'un désavantage. De toute façon, nous avons le privilège de fournir la princesse de Guéménée, et c'est par elle que tu établiras ton crédit à la Cour.

— Je ne puis lui demander cette faveur. Tu sais comme elle est moqueuse. J'aurais trop de honte à être repoussé.

— Montre-lui que tu n'es pas comme les autres.

Mme de Guéménée avait reçu de sa tante, Mme de Marsan, la survivance de la charge de gouvernante des Enfants de France. Elle faisait partie de la société intime de la reine et donnait des fêtes brillantes à Paris et dans sa propriété de Montreuil. Tandis que le roi allait se coucher chaque soir à onze heures précises, la reine, quand elle n'allait pas chez Mme de Lamballe, se rendait chez Mme de Guéménée pour y passer la soirée, car elle était sûre d'y retrouver la comtesse de Polignac. Yolande de Polignac l'avait envoûtée dès leur première rencontre. Etait-ce parce que « sa démarche portait la marque d'un abandon séduisant » et « qu'elle mettait dans ses mouvements une grâce négligée qui la faisait remarquer au milieu des plus belles[40] » ? La manière dont elle décochait des traits moqueurs enchantait la reine qui allait la voir sans façon, soupait chez elle lorsque la fantaisie lui en prenait, ou quand elle n'allait pas chez Mme de Lamballe. Celle-ci cherchait de son mieux à supplanter sa rivale. Chez elle, on faisait des parties de lansquenet, on chantait, on plaisantait, on jouait du clavecin et, surtout, on faisait la conversation. On jouait aussi gros jeu et la maison, comme l'observa Joseph II lors de son voyage en France, avait parfois « l'allure d'un vrai tripot ». Au cours de l'une de ces veillées, la reine joua au pharaon jusqu'à quatre heures du matin, et le lendemain ce fut jusqu'à trois heures. Louis XVI laissait faire : « Le roi, qui ne sort jamais de son appartement le soir et qui n'aime pas que l'on joue gros jeu, ne se permit pourtant pas de le témoigner dans cette occasion parce qu'il porte jusqu'à la prévenance son consentement à tout ce qui peut amuser la Reine[41]. »

Un jour qu'il livrait la princesse de Guéménée, Fargeon garda un silence qui étonna la grande dame.

— Eh bien, que vous arrive-t-il, mon ami ? Vous souffrez d'une extinction de voix comme les chanteurs à la mode ?

Il avoua qu'il rêvait de fournir Sa Majesté.

— Ce n'est donc que cela ? Faites-moi porter l'un de vos produits et j'en recommanderai l'usage à la reine. Elle a la bonté de se fier à mon jugement.

De retour chez lui, il annonça la grande nouvelle à Victoire.

— Ne t'avais-je pas dit que le salut viendrait de ce côté ? La princesse est née Rohan, elle tient à ce qu'il y a de plus grand à la Cour. Elle jouit de la pleine confiance de la reine.

Cherchant dans quel domaine il pouvait surprendre, il se décida pour les gants. Comme tout homme cultivé, il connaissait la signification du gant. Cet objet qu'on feint d'oublier quand on veut être rappelé porte votre marque, votre parfum, votre empreinte. Il cache la main qui se donne ou se dérobe. La reine aimait porter des gants de couleur claire pour accompagner ses toilettes. Elle en commandait au sieur Prévost pas moins de dix-huit paires par mois, tous blancs ou gris tendre. Or les gants parfumés étaient une spécialité de Montpellier. Fargeon ne se bornerait pas, comme son concurrent, à les parfumer : il en connaissait les secrets de fabrication, choix et traitement des peaux, la meilleure façon de les teindre de toutes les nuances[42]. Il était donc en état de se distinguer de la concurrence dans ce domaine et de créer des *gants à la reine* que la souveraine pourrait porter à cheval. Elle aimait monter, revêtait volontiers un costume de chasse et son cheval portait le magnifique harnachement des gardes nobles hongrois. L'impératrice, sa mère, lui écrivait en vain que « monter à cheval gâtait le teint ». En réalité, elle craignait que cet exercice ne l'empêchât de donner un héritier au royaume. La reine le savait et s'en irritait. Dans le secret de son cœur, elle souffrait que le véritable obstacle ne résidât pas dans les périls de l'équitation mais dans l'indifférence du roi, qui ne faisait rien pour que se produisît un heureux événement.

Fargeon choisit une peau de chevrotin et la teinte chamois, qu'il jugea s'accorder avec la tenue d'écuyère. Les gants blancs étaient à la mode et les personnes de qualité n'en portaient pas d'autres, mais la reine créait la mode et n'avait donc pas à la suivre. Pour parfumer les gants, il choisit des fleurs simples : violettes, jacinthes, œillets rouges cramoisis, jonquilles musquées dites « à la reine ». Elles devaient être cueillies par temps sec, une heure après le lever ou avant le coucher du soleil. Il importait de ne pas les froisser, de ne « laisser aucun vert à la violette et de couper moitié des tuyaux de la tubéreuse ». On garantissait ainsi une odeur naturelle et pure. Les gants furent ensuite mis « en fleurs », disposés dans des caisses entre deux lits de fleurs fraîches huit jours durant, afin qu'ils s'imprègnent parfaitement de leur senteur. Le parfumeur les enduisit d'une préparation qui avait la vertu de conserver la douceur et la fraîcheur des mains et de les protéger du dur contact des rênes. Il enduisit les gants de peau d'un mélange de cire vierge blanche, d'huile d'amande douce et d'eau de rose, puis il les étala sur un lit de roses muscades fraîches, afin qu'ils s'imprègnent une dernière fois de l'odeur. Ils devaient posséder après un tel traitement les mêmes propriétés bienfaisantes que les gants dits cosmétiques qui passaient pour embellir les mains durant la nuit.

La bienveillance de la reine

Quelques jours après avoir remis ses gants, il reçut de la dame d'atours commande de plusieurs paires identiques, ainsi que d'autres de couleur pastel.

Mme de Guéménée, qui lui communiqua cette bonne nouvelle, lui conseilla de se placer sur le passage de la reine quand elle allait à la messe pour la remercier de ses bontés. Elle lui assura qu'elle la préviendrait de sa présence.

— Elle ne manquera pas de vous témoigner sa bienveillance. Pour monter à cheval, elle exige désormais vos gants et elle en dit merveille.

Il partit pour Versailles le dimanche suivant, l'âme en fête. Le cérémonial était immuable : les femmes de la reine se rendaient d'abord dans le salon précédant sa chambre à coucher et s'y entassaient tant bien que mal, car elles étaient fort nombreuses et portaient des robes à paniers. Puis la princesse de Lamballe pénétrait dans la chambre où la reine faisait sa toilette. Au bout de quelques minutes, un huissier appelait à haute voix : « Le service ! » Alors, les quatre dames du palais « de semaine » et quelques autres venues faire leur cour pénétraient dans la chambre. Dans le salon de Jeu, par où la reine devait passer pour se rendre à la messe, étaient admis quelques privilégiés, déjà reçus en audience particulière auparavant ou qui présentaient des étrangers.

L'audience se prolongeait jusqu'à midi quarante. La porte s'ouvrait alors et l'huissier annonçait : « Le roi ! » Louis XVI rejoignait la reine et le cortège se mettait en place pour aller à la messe. Le premier gentilhomme de la Chambre en année, le capitaine des gardes en quartier et plusieurs autres officiers des gardes prenaient les devants, le capitaine des gardes le plus près du roi. Puis venaient le roi et la reine, marchant assez lentement pour dire un mot en passant aux nombreux courtisans qui faisaient la haie tout le long de la grande galerie.

Tandis qu'elle approchait, Fargeon oubliait de regarder le roi tant il était hanté par l'idée qu'il devait ne pas perdre le moindre détail du spectacle que lui offrait sa future cliente. Elle alliait un grand air de dignité à une grâce extrême dans la démarche et le maintien. Son teint était éblouissant, et son port de tête admirable. Elle saluait au passage ceux qu'elle voulait distinguer et, avant qu'elle parvînt à sa hauteur, il l'entendit dire des mots aimables aux personnes qui lui avaient été recommandées. La gorge nouée par l'émotion, il la vit enfin s'approcher de lui, le dévisager et lui sourire comme si elle venait de le reconnaître. Elle passa son chemin, mais c'était déjà un signe appuyé de sa bienveillance.

Mme de Guéménée, que Fargeon alla remercier, le félicita.

— Elle vous a trouvé de bon ton. Chez elle, le premier abord décide de tout, et elle ne revoit jamais ceux dont l'aspect lui a déplu. Elle souhaite que, outre des gants, vous lui procuriez ce qui pourrait agrémenter son bain.

Le parfumeur porta lui-même à Versailles les sachets contenant sa préparation, et il en indiqua la composition et l'usage aux baigneuses.

— J'ai employé quatre onces d'amandes douces[43] mondées, une livre d'*Enula campana*, une livre de pignons, quatre poignées de semences de lin, une once de racines de guimauve et une once d'oignons de lis. Je vous recommande ensuite de mettre à chauffer de l'eau de rivière, principalement de celle qui est passée sous la roue de moulin, suffisamment pour un bain, et lorsqu'elle est chaude à propos, de la jeter dans la cuve. La reine doit s'asseoir sur le grand sachet et servez-vous des deux autres, qui contiennent aussi du son, pour lui en frotter le corps. Il est regrettable qu'elle n'aime guère l'ambre, le storax ou le benjoin, car ils aident à rendre le corps blanc, net et exempt de mauvaise odeur.

— Et comment dois-je appeler votre préparation si la reine le demande ?

— Dites-lui que c'est le *bain de modestie*.

Il savait que ce nom plairait à celle qui ne cessait de proclamer qu'elle détestait l'étiquette et la pompe.

Les baigneuses-étuvistes le reçurent avec des égards, car le bruit de sa faveur commençait à courir. La « salle des bains » se trouvait au premier étage, derrière la chambre de la reine, près du salon de la Méridienne. Le sol recouvert d'un dallage était incliné pour permettre l'évacuation des eaux. La baignoire recevait eau froide ou chaude par une tuyauterie de la salle des cuves, située juste au-dessus. Fargeon fut frappé par la simplicité du lieu. Il n'avait rien du fastueux décor que les frères Rousseau avaient conçu pour la salle de bains de Louis XV, devenue salle de la Cassette.

La baigneuse en chef expliqua à Fargeon que l'impératrice avait donné à sa fille l'habitude des bains, car en Autriche on accordait beaucoup de prix à l'hygiène. Dans les hautes classes de la société, on faisait suivre le bain d'une friction du corps avec un linge mouillé d'eau de son, mais si ce traitement spartiate servait l'éducation d'une princesse, il ne convenait pas à une reine. Raffinée au point d'avoir installé dans ses appartements des « lieux à l'anglaise » en bois d'acajou pourvus d'un petit jet d'eau ingénieux et hygiénique, la reine prenait des bains parfumés. Un diffamateur en tira prétexte pour écrire qu'elle avait « reçu nue dans son bain un vénérable ecclésiastique ». Elle se baignait en une grande chemise de flanelle anglaise boutonnée jusqu'au col ainsi qu'à l'extrémité des manches. Lorsqu'elle sortait du bain, la première femme tenait un drap très élevé puis le lui jetait sur les épaules. Les baigneuses l'enveloppaient et l'essuyaient ; elle passait ensuite une longue chemise ouverte et entièrement garnie de dentelles, un manteau de lit de taffetas blanc, et enfilait des pantoufles de basin également garnies de dentelles. La femme de garde-robe bassinait le lit et, ainsi vêtue, la reine allait s'y mettre ; les baigneuses et les garçons enlevaient alors tout ce qui avait servi au bain tandis que la reine prenait un livre ou son ouvrage de tapisserie. Les « jours de bain », elle déjeunait dans le bain même, car on installait un plateau sur la baignoire.

En partisan résolu du naturel, Fargeon jugeait les bains de nature à entretenir la beauté féminine. « Car la propreté est, pour ainsi dire, l'aliment de la peau, et elle contribue à la santé. Il est nécessaire de se baigner et chacun se fait une règle particulière pour les bains. Les uns en prennent un tous les huit jours, d'autres tous les quinze jours, d'autres tous les mois, et plusieurs tous les ans, pendant huit ou dix jours de suite, dans un des temps le plus propre pour le faire. On peut prendre les bains chez soi ou chez les baigneurs, où l'on trouve toutes les commodités sans embarras, et où l'on fait les opérations dépilatoires sans aucun danger. Cependant, plusieurs préfèrent ceux que l'on appelle domestiques, parce que l'on peut les prendre sans sortir de chez soi. Il y a trois sortes de bains. Le premier est celui où tout le corps est dans l'eau jusqu'au col.

Le second, le demi-bain, où le corps assis, n'a de l'eau qu'un peu au-dessus du nombril. Le troisième est pour les pieds, où on n'a de l'eau que jusqu'au mollet de la jambe[44]. »

Fargeon fut vite au fait de la façon dont se déroulait la toilette de la reine. Après un premier moment dans l'intimité, la « toilette de représentation » avait lieu à midi. On tirait le meuble, la « toilette » proprement dite, au milieu de la chambre et la reine s'en servait à la même place pour son déshabiller du soir. Le peignoir de la reine était présenté par sa première femme, si elle était seule au commencement de la toilette et, ainsi que les autres objets, par les dames d'honneur à leur arrivée. A midi, les femmes qui avaient servi pendant vingt-quatre heures étaient relevées par deux femmes en grand habit. On admettait les « grandes entrées » pendant la toilette ; les pliants étaient avancés en cercle pour la surintendante, les dames d'honneur et d'atours, et pour la gouvernante des Enfants de France, lorsqu'elle y venait.

Les dames du palais ne commençaient leur service qu'à l'heure de sortir pour la messe ; elles attendaient dans le grand cabinet et entraient seulement lorsque la toilette était terminée. Les princesses du sang, les capitaines des gardes, toutes les grandes charges ayant les entrées, faisaient leur cour à l'heure de la toilette. La reine saluait de la tête ou par une inclinaison du corps, en s'appuyant sur sa toilette, pour indiquer le mouvement de se lever ; cette dernière manière de saluer était réservée aux seuls princes du sang.

Les frères du roi venaient habituellement faire leur cour à Sa Majesté pendant qu'on la coiffait. L'habillement de corps, lors des premières années du règne, avait lieu dans la chambre et suivait les lois de l'étiquette ; la dame d'honneur passait alors la chemise, versait l'eau pour le lavement des mains ; la dame d'atours passait le jupon de la robe ou du grand habit, posait le fichu, nouait le collier ; mais la hauteur prodigieuse des coiffures obligea ensuite à passer la chemise par en bas. Lorsque enfin la reine voulut avoir à son habillement Mlle Bertin, que les dames auraient refusé d'admettre à partager l'honneur de servir la reine, la toilette cessa de se faire dans la chambre, et la reine, saluant l'assemblée, se retira dans ses cabinets pour s'habiller.

L'habillement était un chef-d'œuvre d'étiquette ; tout y était réglé. La dame d'honneur et la dame d'atours, toutes deux si elles s'y trouvaient ensemble, aidées de la première femme et de deux femmes ordinaires, faisaient le service principal ; mais il y avait entre elles des distinctions. La dame d'atours passait le jupon, présentait la robe. La dame d'honneur versait l'eau pour laver les mains et passait la chemise. Lorsqu'une princesse de la famille royale se trouvait à l'habillement, la dame d'honneur lui cédait cette dernière fonction, mais ne la cédait pas directement à la princesse du sang ; dans ce cas, la dame d'honneur remettait la chemise à la première femme qui la présentait à la princesse du sang. Chacune de ces dames observait scrupuleusement ces usages comme tenant à des droits. Un jour d'hiver, il arriva que la reine, déjà toute déshabillée, était au moment de passer sa chemise. Mme Campan la tenait toute dépliée. La dame d'honneur entre, se hâte d'ôter ses gants et prend la chemise. On gratte à la porte, on ouvre : c'est Mme la duchesse d'Orléans ; ses gants sont ôtés, elle s'avance pour prendre la chemise, mais la dame d'honneur ne doit pas la lui présenter ; elle la rend à Mme Campan qui la donne à la princesse ; on gratte de nouveau : c'est Madame, comtesse de Provence ; la duchesse d'Orléans lui présente la chemise. La reine tient ses bras croisés sur sa poitrine et paraît avoir froid. Madame voit son attitude souffrante, se contente de jeter son mouchoir, garde ses gants, et, en passant la chemise, décoiffe la reine, qui se met à rire pour déguiser son impatience, mais après avoir dit plusieurs fois entre ses dents : « C'est odieux ! Quelle importunité[45] ! »

La dame d'atours avait sous ses ordres une première femme de chambre, pour replier et repasser les objets de toilette, deux valets de garde-robe et un garçon de garde-robe. Ce dernier était chargé de transporter à l'appartement des corbeilles couvertes en taffetas vert qui contenaient tout ce que la reine devait porter dans le jour ; il donnait alors à la première femme de chambre un livre sur lequel étaient attachés les échantillons des robes, grands habits, robes-déshabillés, etc. Une petite portion de la garniture indiquait de quel genre elle était. La première femme de chambre présentait ce livre au réveil de la reine, avec une pelote. Sa Majesté plaçait des épingles sur tout ce qu'elle désirait pour la journée : une sur le grand habit, une sur la robe-déshabillé de l'après-midi, et une sur la robe parée pour l'heure du jeu ou le souper des petits appartements. On reportait ce livre à la garde-robe, et bientôt on voyait arriver dans de grands taffetas ce que Sa Majesté avait choisi. La femme de garde-robe, pour la partie du linge, apportait de son côté une corbeille couverte, contenant deux ou trois chemises, des mouchoirs et des frottoirs. La corbeille du matin s'appelait le prêt du jour, le soir il en venait une autre renfermant la camisole, le bonnet de nuit et les bas pour le matin : celle-ci s'appelait le prêt de nuit. Aussitôt la toilette terminée, on faisait entrer les valets et les garçons de garde-robe, qui remportaient les objets inutiles à la garde-robe, où ils étaient reployés, suspendus, revus, nettoyés avec un ordre et un soin si étonnants que les robes, même réformées, avaient tout l'éclat du neuf. La garde-robe des atours consistait en trois grandes pièces environnées d'armoires ; les unes à coulisses, les autres à portemanteaux ; de grandes tables, dans chacune de ces pièces, servaient à étendre les robes, les habits, et à les reployer. La reine avait hérité lors de son arrivée à la cour de France la grande toilette de vermeil de la Dauphine Marie-Josèphe de Saxe conservée avec les biens de la Couronne par ordre de Louis XV. Cette toilette avait été remise en état pour Marie-Antoinette par les orfèvres Jacques et Jacques-Nicolas Roëttiers, figures dominantes des orfèvres parisiens.

La reine avait ordinairement pour l'hiver douze grands habits, douze petites robes, dites de fantaisie, et douze robes riches sur paniers, qu'elle portait pour le jeu ou le souper des petits appartements. Les parures de l'été servaient à l'automne. Toutes ces parures étaient réformées à la fin de chaque saison, à moins que Sa Majesté n'en fit conserver quelques-unes auxquelles elle tenait. On ne parle point des robes de mousseline, percale, ou autres de ce genre : l'usage en était récent, et elles n'entraient pas dans le nombre de celles fournies à chaque saison ; on les faisait servir plusieurs années.

Dès son retour à la boutique, le parfumeur se mit en quête d'une autre composition originale. Elle était à base d'encens, de spicanard et de myrte incorporés à des huiles de myrtille, de coing ou de nénuphar. Il en forma de petites boules qui, assure-t-il, étaient « propres à décrasser et à blanchir la peau et lui laissaient une odeur agréable[46] ». Durant des mois, il ne fournit que des gants et des sachets. La parfumerie se mariant tout naturellement avec la coiffure, Victoire lui conseilla de rechercher l'alliance du principal coiffeur de la reine, le célèbre Léonard, en lui faisant valoir qu'il avait étudié à Montpellier les poudres et pommades servant aux soins des cheveux et pourrait donc lui être utile. Léonard plaçait en effet sur la tête des dames un bouffant de crin et de gaze sur lequel il relevait et pommadait toute la chevelure. Puis, il la poudrait d'amidon parfumé et y ajoutait des postiches. Fargeon n'eut pas de peine à se faire introduire par une de ses pratiques auprès du coiffeur au prétexte qu'il l'admirait trop pour ne pas souhaiter de faire sa connaissance. Il eut l'impression de rencontrer en sa personne l'un des petits marquis à rubans dont s'était moqué Molière. « Je travaille du peigne et de l'esprit », aimait-il à répéter, en se proclamant pompeusement « académicien de coiffures et de mode ». Le parfumeur expliqua qu'il n'était pas un concurrent des coiffeurs mais leur allié. Loin d'empiéter sur leur territoire, il les y installait plus solidement en les fournissant de produits de meilleure qualité que ceux dont ils usaient. Léonard se laissa convaincre par ce dernier argument.

Le coiffeur tira plus d'avantages que le parfumeur de leur collaboration. Il était d'une rare ladrerie et n'avait jamais d'argent pour régler ses mémoires.

« Plus tard, plus tard ! », disait-il dès qu'il en était question. Il appréciait et vantait les pommades et la poudre à la Fargeon, mais il se gardait bien de les payer. Comme Mlle Bertin, il avait la tête tournée par la faveur de la reine. La plupart du temps, pour ne pas s'entendre demander des comptes, il envoyait à la boutique le « beau Julien », son premier ouvrier, « personnage demi-imposant, demi-ridicule, qu'on commençait à gâter aussi[47] ».

Allié de Mlle Bertin

Cette alliance n'aboutissant à rien, Fargeon décida de briguer l'agrément, sinon la protection, de Mlle Bertin. Ce n'était pas chose facile, car la modiste « traitait d'égale à égale avec les princesses[48] ». Il n'avait jamais fait que la croiser sans qu'elle parût le remarquer. Aussi fut-il stupéfait quand, un beau matin, il la vit entrer dans sa boutique d'un pas décidé, suivie d'un laquais qui portait une grosse boîte de bois ciré. Elle lui dit qu'il lui avait été recommandé par Mme de Guéménée et fit ouvrir la boîte où le parfumeur discerna de très belles fleurs de plusieurs espèces. Qu'avait-il à faire de ce présent ? Elle sourit de son air étonné et lui expliqua que ces fleurs, inventées dans un couvent d'Italie, ne devaient rien à la nature. Elles étaient faites de batiste fine, de taffetas et de gaze plâtrée. Elle souhaitait que Fargeon y ajoutât le parfum qui leur faisait défaut. Il se confondit en remerciements devant cette proposition d'alliance qui prouvait que sa réputation était d'ores et déjà établie. La modiste lui parla de la reine, insistant sur sa bonté et son goût très vif de la nouveauté. Il fallait lui soumettre chaque jour une création originale et nouvelle. Pour parfumer les fleurs artificielles, Fargeon devint un familier du superbe magasin *Au Grand Mogol* où Mlle Bertin employait une trentaine d'ouvrières. Il était de bon ton de se montrer dans ses salons, où, sous prétexte d'emplettes, on pouvait côtoyer le grand monde. Elle avait développé l'usage des poupées de mode, qui franchissaient chaque mois les frontières, petits mannequins habillés selon le dernier goût de Paris pour présenter à toutes les cours d'Europe les chefs-d'œuvre de l'élégance française. La Bertin avait acquis de cette façon la clientèle de presque toutes les personnes royales.

Fargeon apprit à mieux la connaître : elle était fantasque et brouillonne, mais fidèle en amitié. Elle le traitait en artiste de même force qu'elle-même, capable de mettre son travail en valeur. Elle débordait d'idées, souvent excellentes et parfois folles, qu'elle crayonnait sans cesse, mais elle se désintéressait de la gestion de son affaire et n'avait jamais connu la valeur de l'argent. Enfin, elle était hautaine et querelleuse. Sa trop grande faveur lui avait fait croire que tout lui était permis, et elle traitait de haut jusqu'à de grands personnages. La reine ne cessait de lui répéter le vers du roi Prusias : « Ah ! ne me brouillez pas avec notre noblesse[49]. » La baronne d'Oberkirch le résumait en une formule cruelle : « Le jargon de cette demoiselle est fort divertissant ; c'est un singulier mélange de hauteur et de bassesse, qui frisait l'impertinence, quand on ne la tenait pas de très court, et qui devenait insolent pour peu qu'on ne la clouât pas à sa place. » Chacun se souvenait de la dispute qui l'avait opposée à Mlle Quinault, et dont la reine avait été l'arbitre.

Cette comédienne avait réussi à se faire épouser par le duc de Nevers et était l'une des coqueluches de la Cour. Un jour, elle se piqua d'avoir un pouf au sentimental et envoya quérir la modiste, qui refusa de se déplacer. Lorsque la femme de chambre de la duchesse de Nevers était venue lui en faire reproche, elle s'était entendu répondre : « Toute faiseuse de mode que l'on soit, on ne prétend pas se déranger pour une ancienne actrice de l'opéra lorsqu'on a l'honneur d'être employée par la reine. » Les dames titrées avaient exigé le châtiment de l'insolente et la reine avait ordonné à sa modiste d'aller présenter ses excuses. Celle-ci l'avait fait la rage au cœur, et avait pris le lit pour six semaines.

En une autre occasion, un jour de Pâques, alors que Leurs Majestés revenaient du salut, la Bertin avait avisé dans la foule rangée sur leur passage une demoiselle Picot, ancienne fille de boutique, qui l'avait quittée pour fonder une maison rivale. Prise de fureur, elle lui avait craché sur le col en disant : « Je te l'avais promis, je tiens parole. » Une plainte ayant été déposée, elle avait attribué son « mouvement involontaire » à « la révolte et au dégoût ». « J'ignore quels mensonges ont fait la clique et les amis de la demoiselle Picot, avait-elle ajouté, mais je suis moralement sûre qu'aucun d'eux n'a dit et n'a pu dire m'avoir vu cracher au visage de la demoiselle Picot. Moi, commettre une indécence aussi basse ! »

Quand Fargeon rapportait à son épouse les frasques de la modiste, Victoire levait les bras au ciel. Elle était d'un naturel économe et, bien que les affaires fussent excellentes, elle estimait qu'un commerçant ne doit en aucun cas mener grand train et susciter l'envie. La maison était désormais en faveur à la Cour. De 1775 jusqu'en 1781, la reine se trouvait à l'époque de sa vie où elle se livra le plus aux plaisirs qui lui étaient offerts de toutes parts[50]. Fargeon fournissait la plupart des membres de la famille royale, et il composait pour chacun les préparations qui lui convenaient plus particulièrement. Mesdames, tantes du roi, étaient installées au rez-de-chaussée du château et la pièce la plus vaste de leur appartement donnait à la fois sur la terrasse du Parterre d'eau et sur le parterre du Nord. Il les y trouvait épiant par les fenêtres ce qui se passait au-dehors ou plongées dans une conversation avec quelque commère de haut lignage qui leur rapportait les rumeurs de la Cour.

Parfois, il devait attendre le départ du roi qui était venu chercher des avis chez ses « bonnes tantes » et écoutait patiemment leurs diatribes contre les modes nouvelles, coiffures et extravagances de la reine leur nièce. Elles commandaient des articles de toilette, houppes de cygne ou cure-dents, de l'eau de Cologne et, en souvenir de Louis XV, de l'« *eau de fleur d'orange du Roy* » et des eaux de lavande. Mesdames tantes étaient pingres, et leurs mémoires ne se chiffraient jamais très haut. Traversant des corridors fort sales et frappant à de vilaines petites portes, le parfumeur allait servir Monsieur, frère du roi, bon et fidèle client. A son intention, il avait créé la *poudre de Monsieur*, variante plus luxueuse de la *poudre à la Fargeon.* Monsieur et Madame aimaient les senteurs de fleur d'orange et de la tubéreuse. Ils faisaient grand usage de l'eau spiritueuse de lavande. A la différence de beaucoup de grands seigneurs, le comte de Provence avait coutume de payer ses dettes et l'on n'avait pas à jouer avec lui la scène de Monsieur Dimanche.

Les mémoires remis à son concierge étaient réglés dans les meilleurs délais[51].

A l'occasion de ses livraisons, Fargeon s'était aperçu que dès qu'on s'éloignait des endroits où régnait une puanteur de latrines, le château possédait une odeur spécifique et nullement déplaisante : un parfum légèrement rance sur fond poivré et musqué qui n'existait nulle part ailleurs. Faute de place, nombre de grands personnages devaient se contenter d'appartements sombres et incommodes sous les combles, mais le seul fait d'être à Versailles faisait oublier l'inconfort. Désormais, il ne s'égarait plus dans les couloirs et escaliers où régnait, l'hiver, un froid sibérien. Le comte et la comtesse d'Artois ainsi que Madame Elisabeth et sa dame d'honneur, Diane de Polignac, occupaient tout le premier étage de l'aile du Midi du château qui donnait sur l'Orangerie, « ces appartements, quoique vastes, ne l'étaient pas tant que plusieurs cabinets ne tirassent leur jour de la galerie et ne fussent très obscurs[52] ». La jeune sœur du roi, à qui il avait été recommandé par Mme de Marsan, était une charmante princesse. Elle commandait surtout de l'eau de lavande et de l'eau de Cologne ainsi que de l'esprit de fleur d'orange. Pour le comte d'Artois, il confectionna également une poudre spéciale qu'il ne pouvait baptiser autrement que *poudre à la d'Artois*. Pour se rendre aux appartements du duc d'Orléans, il empruntait l'escalier intérieur du pavillon, dit d'Orléans, qui communiquait par le palier de l'escalier des Princes avec la salle des Cent-Suisses. De l'autre côté de la petite cour des Princes était l'appartement des Polignac, juste en face de celui du duc d'Orléans. Mme de Polignac était l'une des rares dames de la Cour à ne pas user de parfums. Fargeon le déplorait, mais c'est pour une autre raison qu'il fuyait sa présence : il savait qu'elle aimait à cribler les réputations de ses flèches empoisonnées. La princesse de Lamballe, surintendante de la Maison de la reine, était fort bien logée, comme Mme de Guéménée, sa voisine, au bout de l'aile du Midi. Elle était gouvernante des Enfants de France depuis la naissance tant attendue de Madame Royale, en 1778.

Les livraisons de la maison Fargeon étaient des plus variées ; commis et valets ployaient sous les articles de toilette et de coquetterie, pommade au citron, pâte royale en pots ou en bâtons, pommade à la fleur d'orange double, pièces de taffetas d'Angleterre, eaux spiritueuses, gratte-langues pour conserver une bonne haleine, brosses à dents, poudre à l'œillet, pommade aux concombres, peignes, démêloirs et éponges, pots de porcelaine fine, sachets brodés et parfumés, jarretières, rubans à peignoir, épingles de toilette, houppes de cygne, pots de rouge, éponges pour la barbe, gants cosmétiques ou glacés, assortiments de mouches, eaux de mélisse et vulnéraire, boîtes de corail et colifichets.

Victoire veillait à ce qu'on n'oubliât rien et tenait une rigoureuse comptabilité. Son époux avait habilement classé les clients, grands seigneurs ou bourgeois, selon leur exactitude à régler les mémoires. Parmi les « bons débiteurs », on trouvait bien entendu la reine et son entourage immédiat, Messieurs frères du roi, Madame Elisabeth et le joaillier Boehmer. Les « débiteurs douteux avec lesquels il n'y a compte à faire » comptaient peu de grands, car il était mal vu du roi de ne pas payer ses dettes. Il existait aussi de « mauvais débiteurs », telle la lectrice de la reine, Mlle Laborde, qui n'avait pas les moyens de ses convoitises mais qu'il importait de contenter. C'était aussi le cas du duc d'Orléans et du coiffeur Léonard, pour ne citer qu'eux.

Les parfums préférés de la reine

Tous les fournisseurs avaient affaire à la dame d'atours. Les commandes de la reine étaient considérables. Pour la seule année 1778, son mémoire s'éleva à plus de deux cent mille livres. Il fallait souvent avoir recours à des fonds en provenance du département de la Maison du roi pour combler les déficits de la Maison de la reine. Fargeon connaissait parfaitement les goûts de son auguste cliente. Tout en aimant le luxe à la folie, elle appréciait surtout les eaux simples, comme l'eau de fleur d'orange dite *du Roi*, que feu Vigier avait dédiée naguère à Louis XV. Elles étaient obtenues par la distillation d'une seule matière première odorante, d'origine végétale ou animale, et passaient pour avoir une vertu apaisante. La reine goûtait les bienfaits de l'essence de lavande, très en vogue depuis plus de vingt ans, et de l'essence de citron. Elle en faisait mettre quelques gouttes dans son bain et dans des cassolettes pour purifier ses appartements. Elle choisissait des vinaigres aromatisés à la fleur d'orange ou à la lavande. Les femmes de la reine gardaient toujours à portée de main de petites boîtes dites « vinaigrettes », afin de les présenter à leur maîtresse en cas d'émotion vive ou de malaise. Elle les préférait aux sels revigorants obtenus à partir de tartre vitriolé, imbibé d'esprit de Vénus rectifié.

A l'intention de Marie-Antoinette, Fargeon confectionnait surtout des eaux spiritueuses de rose, de violette, de jasmin, de jonquille ou de tubéreuse obtenues par distillation en présence d'esprit de vin, après infusion plus ou moins prolongée. Il les intensifiait avec du musc, de l'ambre ou de l'opopanax. La reine ayant pris le goût des parfums concentrés, il créait pour elle des *esprits ardents* qu'elle s'amusait à rebaptiser ses *esprits perçants* et qui étaient le fruit de plusieurs distillations successives. Leur prix était très élevé en raison de la plus forte consommation de la matière première et du temps de travail exigé. La dame d'atours n'en avait cure ; elle lui en passait souvent commande pour parfumer l'air, ainsi que des pastilles à brûler et des pots-pourris aux mille-fleurs.

La reine conservait ses parfums préférés dans un admirable meuble de toilette. En voyage, ils étaient resserrés dans un somptueux nécessaire qu'elle avait fait garnir de flacons de verre coloré à facettes coiffés de bouchons d'argent. Elle aimait les sachets d'odeurs, alors très à la mode. Pour les fabriquer, Fargeon couvrait une pièce de taffetas de Florence d'une autre étoffe de satin ou de soie et, selon les goûts, la garnissait de pots-pourris, poudres ou cotons parfumés de plantes aromatiques. Marie-Antoinette aimait en faire présent à ses proches en faisant attention de les accorder à leur personnalité. Elle avait grand soin de son teint. L'*eau cosmétique de pigeon* nettoyait la peau, l'*eau des charmes* faite avec les larmes de la vigne qui coule en mai la tonifiait. L'*eau d'ange* la blanchissait en purifiant le teint. Marie-Antoinette, dont la carnation était admirable, n'avait nul besoin de l'*eau de Ninon de Lenclos* censée conserver la jeunesse. Elle enduisait ses mains de la *pâte royale* qui en maintenait la douceur et prévenait des gerçures. Elle adorait les pommades à la rose, à la vanille, à la frangipane, à la tubéreuse, à l'œillet, au jasmin, aux mille-fleurs. Pour le bain, elle usait de savonnettes aux herbes, à l'ambre, à la bergamote ou au pot-pourri, et pour maintenir l'éclat de ses dents, elle commandait des poudres et des opiats. Le maître parfumeur conçut une poudre et une pommade *à la reine* qu'il ne vendait à personne d'autre qu'elle. Elle se fournissait en rouge chez Mlle Martin, mais Fargeon se permit de lui faire parvenir sans qu'elle eût été commandée une pommade rouge excellente pour les lèvres. Il ne sut pas si elle en avait fait usage.

L'année 1778 fut, pour la reine et son parfumeur, bénie de même façon. A Versailles et rue du Roule, elle fut marquée par un heureux événement. Depuis son mariage, les esprits malveillants faisaient courir le bruit que Marie-Antoinette ne serait jamais mère, et elle s'en affligeait en secret. Mlle Bertin lui avait suggéré de faire une neuvaine à la Vierge de Monflières en Picardie. Un matin, la reine entra dans le cabinet du roi et lui tint des propos qui la firent regarder avec un ébahissement incrédule, comme si elle avait perdu l'esprit.

— Sire, je viens vous demander justice d'un de vos sujets qui m'a insultée avec violence.

— Que me dites-vous là, madame ? Cela ne se peut.

— Sire, je puis vous affirmer que j'ai même été frappée.

— Allons donc ! C'est une plaisanterie !

— Nullement, sire. Il s'est trouvé un être assez audacieux pour me donner force coups de pieds dans le ventre.

Le roi, qui avait enfin compris, poussa un cri de triomphe.

Victoire informa son mari de sa future paternité d'une façon moins piquante, mais la joie du parfumeur fut égale à celle du monarque. Son premier fils, héritier de la boutique et de ses secrets, fut prénommé Antoine-Louis. Son père avait profité de la grossesse de son épouse pour étudier et mettre au point diverses préparations utiles pour cet état et les proposer à la reine. L'été était brûlant. Marie-Antoinette souffrait de la chaleur et ne pouvait s'endormir sans avoir fait une promenade au grand air dans les jardins où les musiciens faisaient entendre des morceaux de leur répertoire. Pour soulager Sa Majesté, Fargeon préconisa, outre l'*eau de la Reine de Hongrie*, l'*eau de mélisse*, où l'on associait citron, cannelle, angélique, girofle, et coriandre. Il recommanda d'abandonner les *esprits perçants* pour une *eau d'ange* dont il créa la formule : iris, bois de rose, santal citrin, fleur de benjoin, de calamus aromaticus et storax. Il excluait le musc de ses préparations et n'y mêlait que quelques gouttes de quintessence d'ambre, pour mieux faire ressortir les autres odeurs. Il prépara des sachets de cette composition et dit aux femmes de la reine de les faire brûler sur un réchaud afin de chasser les mauvaises odeurs. Il savait combien l'odorat des femmes était exacerbé par la grossesse. Enfin, il confectionna une *eau de fraîcheur* et une *eau rafraîchissante* pour prémunir la peau des méfaits de la canicule.

Dès qu'elle fut accouchée, le 18 décembre 1778, de Marie-Thérèse de France, la reine chargea Rose Bertin de confectionner une robe de brocart de cinq cents livres pour l'offrir à la Vierge de Monflières en action de grâce. Les prévôts des marchands et les échevins de Paris apportèrent en grande pompe à Leurs Majestés les présents que la Ville avait coutume d'offrir pour « l'ouverture du ventre de la reine ». Mme de Guéménée, devenue gouvernante de Madame Royale, fit de Fargeon un « fournisseur des Enfants de France ». Il offrit pour la circonstance une grande corbeille de taffetas parfumé, un tapis de toilette en velours vert doublé de taffetas de même couleur et bordé d'un galon d'or ainsi que des flambeaux de toilette.

Marie-Antoinette était bien décidée à faire profiter ses enfants d'une éducation moins convenue et moins rigide que celle des anciens temps. Elle s'en était expliquée auprès de sa mère : « A la manière dont on les élève à cette heure, ils sont bien moins gênés ; on ne les emmaillote pas et du moment qu'ils peuvent être à l'air, on les y accoutume petit à petit et ils finissent par y être presque toujours. Je crois que c'est la manière la plus saine et la meilleure de les élever. Le mien logera en bas, avec une petite grille qui le séparera du reste de la terrasse, ce qui même pourra lui apprendre plus tôt à marcher que sur les parquets[52]. » Fargeon insista auprès de Mme de Guéménée sur l'importance d'inculquer dès le jeune âge des habitudes de propreté salutaires et ces conseils, rapportés à la reine, augmentèrent son crédit.

Peu de temps après la naissance de la princesse, Léonard envoya à Fargeon le « beau Julien » pour lui demander son aide. La reine avait fait appeler son coiffeur dès le neuvième jour de ses relevailles, car elle avait constaté qu'elle perdait des cheveux. Le figaro devait visiter et soigner chaque matin la royale chevelure et il se servait de la *pommade à la Fargeon*, mais il voulait savoir s'il n'existait pas des produits propres à prévenir la chute des cheveux. Le parfumeur remit à son émissaire des huiles antiques à la violette, à la jonquille et au jasmin destinées au massage du cuir chevelu. Il y ajouta sa *poudre pour conserver les cheveux et les faire croître* en précisant qu'elle fortifiait les racines et présentait en outre l'avantage « d'égayer l'imagination et de fortifier la mémoire ».

Une faillite vite réparée

Absorbé par ses travaux, Fargeon prêtait peu d'attention aux mises en garde de son épouse qui s'inquiétait de voir leurs clients régler de plus en plus irrégulièrement leurs mémoires. Victoire en voulait particulièrement au duc d'Orléans.

— C'est un panier percé, et pourtant il ne paie jamais.

Le désordre et l'insouciance semblaient gagner toute la Cour et bien qu'elle ne manquât pas de riches clients, la maison Fargeon courait à la faillite faute de recouvrer ses créances. Un jour, les achats de matières premières et les salaires ne purent plus être payés. La banqueroute fut enregistrée, le 12 janvier 1779[53]. Elle s'élevait à trois cent quatre mille livres. La Maison de la reine devait à la parfumerie une forte somme. Toutefois, la renommée de l'établissement était excellente et il n'était pas question de le faire disparaître. Fargeon fit preuve, dans ces circonstances difficiles, d'un remarquable sang-froid. Il fallait désintéresser les créanciers, dont son beau-père et son beau-frère ainsi que de nombreux fournisseurs, la plupart grassois comme les Tombarelli ou les Escoffier, et se faire régler les impayés. Les débiteurs négligents s'exécutèrent pour la plupart, car ils ne souhaitaient pas se priver des services de la maison Fargeon. Les mémoires furent acquittés par la Maison de la reine et son entourage, les comtes d'Artois et de Provence, Mesdames tantes, Madame Elisabeth et les Enfants de France.

Instruit par cette mésaventure, Fargeon s'efforça de diversifier sa clientèle et ses activités. Il expédia ses produits dans toute la France et, grâce à ses boutiques de Nantes et de Bordeaux, développa son négoce avec l'Angleterre, les « îles françaises d'Amérique » et les jeunes Etats-Unis. Dix-huit mois après cette sérieuse alarme, en juillet 1780, Fargeon reçut la visite de Léonard. Le maître coiffeur paraissait extrêmement agité. Il expliqua, sous le sceau du secret et dans son style emphatique, qu'en dépit des massages, la situation prenait un tour inquiétant.

— La reine est menacée de perdre sa chevelure. En constatant cette catastrophe, j'ai été saisi d'un accès de fièvre et de tremblement. Si cet affreux événement se produit, tout mon crédit à la Cour sera ruiné d'un coup. Ce sera un désastre pour moi, certes, mais aussi pour l'art de la coiffure dans lequel nul ne saurait tenir ma place ! N'avez-vous pas quelque traitement plus efficace que celui dont j'ai fait usage ? Croyez bien que je vous en aurai une gratitude infinie.

Fargeon disposait d'autres armes contre ce fléau : il recommanda une nouvelle poudre fortifiante parfumée à l'iris ainsi qu'une pommade aux huiles essentielles de jasmin, de tubéreuse, de cédrat et de jonquille. Cette dernière fleur était la plus difficile à travailler et accroissait donc le coût du produit, mais elle était particulièrement chère à la reine et donnait un parfum admirable.

Heureuse coïncidence ou effet de la poudre et de la pommade, la chute des cheveux royaux s'arrêta. Léonard, rassuré, confia son projet de faire adopter par Sa Majesté une *coiffure à l'enfant* de son invention. La portraitiste de la reine, Mme Vigée-Lebrun, assure, au contraire, que ce fut elle qui suggéra la première à la souveraine d'apparaître « en cheveux ». D'abord effrayée à l'idée de voir sa chevelure coupée si court, l'illustre cliente avait cédé à l'argument selon lequel ce coup de ciseaux allait rendre aux racines de ses cheveux la vigueur perdue. La coiffure à l'enfant fut vite à la dernière mode. Rose Bertin entendait bien ne pas être en reste d'une telle révolution. Il lui fallait d'autant plus faire parler d'elle qu'elle souhaitait présenter l'une de ses parentes au poste de gouvernante des nourrices de Madame Royale. C'est alors qu'elle reçut une distinction insigne : Louis XVI, dans l'euphorie de sa toute neuve paternité, avait décidé de doter cent jeunes filles et d'assister à leur mariage à Notre-Dame. Le cortège royal, composé de vingt-huit carrosses, quitta Versailles pour se rendre à Notre-Dame. A la hauteur du *Grand Mogol*, Marie-Antoinette leva la tête et aperçut Rose à son balcon entourée de ses ouvrières. Elle s'écria « Tiens, voici Mademoiselle Bertin ! » et fit à la modiste, ivre de fierté, un petit salut de la main. La faveur de Mlle Bertin était si éclatante que la Du Barry, souhaitant sortir de sa retraite à Pont-aux-Dames, avait pensé un instant à lui demander d'intercéder pour elle. En 1783, Mlle Bertin vendait trente-six livres le bouquet de roses, de renoncules et d'œillets, et vingt-quatre livres la branche de gros lilas blanc. Elle ne mettait plus de limite à ses mémoires et elle factura un « habit de jour de l'an » au prix extravagant de six mille livres.

Le parfum du Trianon

En ces dernières années de bonheur, Marie-Antoinette goûtait chaque jour davantage le domaine de Trianon, dont le roi lui avait fait présent dès 1774. Le lieu avait été sous Louis XIV une « maison de porcelaine pour aller faire des collations ». La reine avait accepté le cadeau à la condition expresse de s'y « reposer des fatigues de l'étiquette » et de vivre dans cet asile champêtre « non en reine, mais en particulière, et en dehors des exigences du cérémonial ». La nature avait été revue et corrigée par l'architecte Richard Mique et par le peintre Hubert Robert. Le roi lui-même ne se rendait au Trianon qu'en invité ; il y venait dîner mais ne dormit jamais dans la chambre qui lui était réservée. Tout le service appartenait à la reine. On condamna son innocent caprice ; et la calomnie alla jusqu'à l'accuser d'avoir aménagé un cabinet orné de pierres précieuses alors qu'il s'agissait d'un théâtre de fer-blanc et de verroterie. Les critiques soulignaient que la fantaisie royale coûtait fort cher : le jardin anglo-chinois à lui seul avait exigé trois cent mille livres pour la première campagne de travaux. Le concierge, Bonnefoy du Plan, y entretenait avec amour un parterre de violettes, fleurs favorites de la reine avec les roses. Au printemps, on sortit les caisses de l'orangerie, dont Marie-Antoinette avait redessiné les motifs ornementaux, des essences rares avaient été importées, dont le prix avait fait scandale : persicaire, catappa de l'Inde, érable, mélèze, arbre de Judée, cèdre, cytise, chêne étranger ; jusqu'à un tulipier de Virginie, qui disait-on avait vu les Peaux-Rouges et traversé les océans sur un trois-mâts.

Au cours de l'été 1780, la souveraine de ce décor champêtre avait lancé la mode des robes blanches en linon retenues à la taille par un simple ruban, de la modeste capeline de paille et des cheveux laissés en liberté. Les tenants de la tradition s'offusquaient de ces « robes à l'enfant » ou « robes de gaulle », jugées peu décentes. Le bruit courut que la reine voulait ruiner le commerce de soie lyonnais et enrichir les fabriques de linon de Bruxelles. Rose Bertin s'était inspirée de sa province natale pour créer le *bonnet à la picarde*, qui fit fureur en même temps que le *bonnet à la laitière* et supplanta la pompeuse *coiffure aux insurgents* inventée par Léonard pour célébrer la jeune Amérique. La royale bergère privilégiait les nuances tendres et pâles, crème mat, rose pêche ou bleu printanier. C'était le nuancier d'une jeune femme heureuse d'être mère et éprise de naturel.

Il était écrit que la famille royale et celle du maître parfumeur s'accroîtraient au même rythme. Le 18 avril 1781 naquit Auguste-Frédéric Fargeon. Le 22 octobre, la reine donna enfin au royaume un Dauphin. Louis XVI fut ivre de joie et tous les corps de métiers de la capitale vinrent à Versailles féliciter Sa Majesté, pâtissiers, maçons, serruriers, cordonniers et jusqu'aux fossoyeurs. Fargeon fit partie de la délégation des parfumeurs. Il constata à cette occasion, comme Mme Vigée-Lebrun, qu'après deux maternités « Marie-Antoinette était restée grande, admirablement bien faite, assez grosse sans l'être trop. Ses bras étaient superbes, ses mains petites, parfaites de forme, et ses pieds charmants[54] ». Cinquante dames de la Halle vêtues de noir et dont la plupart portaient des diamants furent présentées à la reine. Les mauvaises langues assuraient qu'elle était inquiète de vieillir et avait consulté par l'intermédiaire de Mme Campan Mlle Guimard, danseuse de l'Opéra, sur les procédés dont elle usait pour effacer les effets de l'âge. Le parfumeur, informé de ces ragots, glissa dans ses livraisons de l'*eau de beauté* ou *eau favorite* tout en sachant que la reine n'avait besoin que « d'un peu de rouge pour relever la transparence de sa peau qui ne prenait pas l'ombre ». Il composa avec de l'eau-de-vie, du benjoin, du bois de Brésil et autant d'alun de roche une liqueur telle que, quand on s'en était frotté légèrement les joues, il était difficile de s'apercevoir si la personne avait mis du rouge, ou si c'étaient là ses couleurs naturelles[55].

Les femmes se couronnaient de fleurs artificielles et couvraient leurs habits et leurs chapeaux de guirlandes. On ne voyait plus que nymphes parées de ces trompeuses et coûteuses imitations de la nature. Les jupes aux étoffes unies ou à rayures étaient garnies de fleurs de pois, les coiffes étaient ornées de paillons lilas, les fichus étaient brodés de guirlandes de jasmin. Les fleurs régnaient partout. Le décor du salon de la Méridienne, renouvelé en 1781, était un hymne à la beauté féminine et à la maternité. Les guirlandes florales s'unissaient aux sculptures des frères Rousseau et des chutes de roses encadraient les panneaux où le paon, symbole de Junon, était représenté. C'était le plus souvent dans ce salon que la souveraine recevait ses fournisseurs. Il fallait désormais se réclamer d'une campagne idéalisée, où les dames ne risquaient pas de salir de fumier leurs jolis souliers. Fargeon nomma ses parfums conformément à l'esprit du temps : *bouton d'or*, *prés fleuris* ou *eau de bouquet de printemps*. Toutefois, la mise au point de ces odeurs prétendues naturelles était de plus en plus complexe, et il fallait une longue préparation pour donner aux *eaux surfines* tout leur pouvoir d'illusion. Les femmes, dont l'ambition proclamée était de ressembler à des fleurs des champs, avaient renoncé à se peindre le visage comme des poupées, mais leur simplicité était le comble de l'artifice. On donnait aux couleurs les noms les plus recherchés et les plus bizarres, *caca de dauphin* pour les verts jaunâtres, *boue de Paris* ou *merde d'oie* pour le brun irisé, *feu d'Opéra* pour un rouge incandescent rappelant l'incendie de la salle de l'Opéra au Palais-Royal le 15 juin 1781, et même, dans une bien étrange métaphore, *entrailles de petit maître*.

Un matin, la reine, que Fargeon apercevait d'ordinaire brièvement à sa toilette, le fit mander à Trianon. Il découvrit avec ravissement les sentiers en lacets et les pelouses fleuries de ce petit paradis. Un valet aux allures de berger lui dit qu'il était attendu, et il le guida vers la reine, qui se promenait seule dans une allée, portant à son habitude une robe de linon retenue à la taille par un large ruban de soie.

En s'inclinant, il respira un parfum d'iris et reconnut avec un vif plaisir que c'était l'une de ses compositions.

Elle leva les yeux, lui sourit avec bienveillance et lui fit signe d'approcher.

— Je suis enchantée de vous voir, monsieur Fargeon. Ayez la bonté de m'accompagner un instant dans ma promenade, je vous prie.

Marie-Antoinette était la femme de France qui marchait le mieux ; portant la tête fort élevée, avec une majesté qui faisait reconnaître la souveraine au milieu de toute sa cour sans pourtant que cette majesté nuisît en rien à tout ce que son aspect avait de doux et de bienveillant. Il est très difficile de donner à qui n'a pas vu la reine une idée de tant de grâces et tant de noblesse réunies[56]. Dans son Trianon, sa démarche était différente, plus souple, presque caressante, en n'inspirant pourtant pas l'oubli du respect[57]. A ses côtés, Fargeon était transporté. La reine le remerciait, comme si elle était non sa souveraine mais son obligée.

— Monsieur Fargeon, lui dit-elle enfin, j'attends de vous que vous me mettiez mon Trianon dans un flacon. J'aime tant ce lieu que je souhaite le transporter partout avec moi.

Elle ajouta que les fleurs qui l'entouraient dans sa retraite avaient sur elle un effet apaisant, et qu'elle aimait les roses à la passion. Elle observa aussi que la tubéreuse exerçait sur elle un pouvoir étrange. Fargeon en fut surpris, car c'était une senteur prenante et quasi néfaste. Tandis qu'elle lui parlait, il scrutait à la dérobée sa carnation pour en retenir les particularités. Sa peau était si transparente qu'elle ne prenait point d'ombre. « Les couleurs manquaient pour peindre cette fraîcheur, ces tons si fins qui n'appartenaient qu'à cette charmante figure[58]. »

La reine s'assit sur un banc de pierre qui faisait face au Belvédère et il se tint auprès d'elle. Elle lui parla de la décoration de ce pavillon, qu'elle avait voulu consacrée tout entière aux fleurs et aux parfums. Avant de lui donner congé, elle le chargea de préparer une eau de senteur destinée à un homme très élégant mais

« Les boutiques des apothicaires sont tout à fait belles et parfumées. »

Frontispice du *Catalogue des marchandises rares, curieuses et particulières qui se font et débitent à Montpellier pour le sieur Fargeon, concernant la santé, les parfums et les embellissements.*

« Jean-Louis Fargeon lut le *Traité des sensations*. »
L'Odorat, par Jean-Baptiste Oudry.

« Le parfumeur y régnait au milieu de ses chaudières, alambics, serpentins, pressoirs et mortiers. »
Un laboratoire, gravure.
Collection Givaudan-Roure.

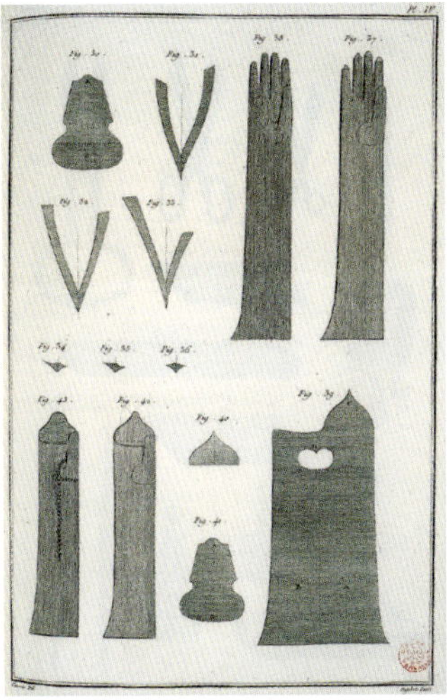

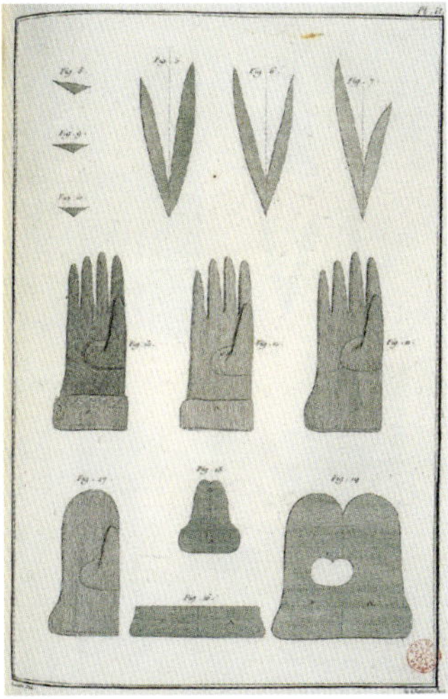

« Il pratiquait l'art de fabriquer des gants, de les teindre et de les parfumer. »

Atelier de gantier (en haut), gants et mitaines de femmes et d'hommes, gravures de l'*Encyclopédie* de Diderot et d'Alembert.

« Rue du Roule, on plaisantait des sujets les plus graves sans même baisser la voix. Jean-Louis avait l'impression de surprendre - bien malgré lui - des secrets d'État. »

La marchandise de mode, gravure de l'*Encyclopédie* de Diderot et d'Alembert.
© Bibliothèque municipale de Versailles / Jean-Marc Manaï

La boutique du gantier-parfumeur, gravure d'après un dessin de N.A. Monsiau, dans *Voyage sentimental* de Laurence Sterne.
© Grasse, musée international de la Parfumerie

« Jean-Louis passait ses journées à se préparer à la maîtrise. »
Armoiries des gantiers-parfumeurs.
Extrait de l'*Armorial général*, tome XXIII.
© DR, coll. part.

La reine invita Fargeon à faire quelques pas avec elle près de son belvédère.
Brûle-parfums, éléments des fresques du pavillon de musique dans les jardins du Petit Trianon.

« Jean-Louis Fargeon avait sept ans quand naquit, le 2 novembre 1755, une archiduchesse d'Autriche prénommée Marie-Antoinette. »

L'archiduchesse Marie-Antoinette, par Martin II Meytens.
Vienne, château de Schönbrunn. © Bridgeman Art Library

« Madame Du Barry souhaitait accentuer le blond naturel de ses cheveux. »

Madame du Barry, par Jean-Baptiste Gautier-Dagoty.

Madame Élisabeth, 1788,
par Adélaïde Labille-Guiard.

Madame Adélaïde peignant le portrait en médaillon de ses parents et de son frère décédés, 1787,
par Adélaïde Labille-Guiard.

« Fargeon fournissait la plupart des membres de la famille royale et il composait pour chacun les préparations qui lui convenaient particulièrement. »

Madame Victoire, devant une statue de l'Amitié au château de Bellevue, 1789,
par Adélaïde Labille-Guiard.

« Vous allez faire l'ornement et les délices de la France. »
(compliment du sieur Bignon, prévôt des marchands de Paris)
Marie-Antoinette de Lorraine-Habsbourg, alors archiduchesse d'Autriche, en 1769, par Joseph Ducreux. © Château de Versailles

À cheval à la chasse ou en promenade, la reine aimait porter des gants de couleur claire.

La reine Marie-Antoinette en costume de chasse montant un cheval portant le harnachement des gardes nobles hongrois à la cour d'Autriche, par Louis-Auguste Brun.

À droite : *Marie-Antoinette dans le parc de Trianon*, vers 1775, par Antoine Vestier.
Paris, DR, coll. part.

Planche extraite
de *La Gazette de la Reine*.
© Bibliothèque municipale
de Versailles / Jean-Marc Manaï

Tissu du mobilier aux épis (*à gauche*)
et élément du décor du théâtre de la
Reine au Petit Trianon
(après restauration).
© Château de Versailles / Jean-Marc Manaï

**Le goût de la reine
se manifestait partout.**

Éléments floraux des fresques
du pavillon de musique
dans les jardins du Petit Trianon.
© Château de Versailles / Jean-Marc Manaï

« Les tenants de la tradition s'offusquaient de ces "robes de gaulle" jugées peu décentes. »

Marie-Antoinette « en gaulle », 1783, par Élisabeth Louise Vigée-Le Brun.

Coll. part. © Eichenzell, Hessische Hausstiftung, Museum Schloss Fasanerie

« Les fleurs régnaient partout. »
Portrait « à la rose », par Élisabeth Louise Vigée-Le Brun.
Salon de 1783. © Château de Versailles

« Tandis que la reine s'entretenait avec ses plus proches amies, Fargeon demeurait discrètement près de la porte. »

Marie-Antoinette jouant de la harpe dans sa chambre à Versailles, par Jean-Baptiste Gautier-Dagoty. © Château de Versailles / Jean-Marc Manaï

« Il aurait eu peine à reconnaître la reine.
Son visage, dont il avait jadis étudié la carnation délicate,
était devenu celui d'une vieille femme. »

La reine Marie-Antoinette en habit de veuve à la prison de la Conciergerie, par Alexandre Kucharski. © Château de Versailles n'ayant rien d'un petit maître et « viril autant qu'on peut l'être ». Quand, ce soir-là, Fargeon rapporta le propos à Victoire, elle lui dit qu'il ne s'agissait pas du roi, qu'on ne pouvait qualifier d'élégant. Elle soupçonnait fort que l'eau de senteur était destinée au beau colonel du régiment suédois dont on parlait beaucoup à Versailles comme à Paris.

Le parfum demandé par Marie-Antoinette posait un problème ardu, car il devait évoquer le Trianon et la double nature de la reine-bergère. L'entretien en tête à tête avait été bref, mais Fargeon avait fort bien senti que la souveraine ne ressemblait en rien à la caricature qu'on en faisait : elle était douce et bonne, majestueuse sans la moindre morgue, impulsive et sans doute imprudente, mais non, comme le disait son frère, une « tête à vent ». Elle disait vrai quand elle assurait qu'elle cherchait à faire le bonheur des autres et aimait qu'on ne la quittât jamais mécontent. Sa simplicité n'était pas feinte : on connaissait d'ailleurs ses habitudes de sobriété par ce qu'en disaient ses officiers de bouche. Elle déjeunait de café ou de chocolat, ne mangeait que de la viande blanche, ne buvait que de l'eau de source de Ville-d'Avray, la seule qui lui parût digeste. Elle soupait d'un bouillon, d'une aile de volaille et se désaltérait d'un verre d'eau dans lequel elle trempait de petits biscuits.

Fargeon composa le *parfum du Trianon* à la façon d'un morceau de musique, songeant que celle qui le porterait aimait à chanter, jouait du clavecin et de la harpe, protégeait Gluck et goûtait son *Orphée* dont elle admirait la nouveauté. Il huma donc en imagination ses harmonies. La note principale devait faire surgir une rose absolue, séductrice et protectrice à la fois, réunissant autour d'elle les essences les plus précieuses et les plus nobles. Il partit de l'idée des pétales des fleurs d'oranger blancs, épais, riches en arôme et en fraîcheur, odeur du bonheur, zéphyr naissant tel un baiser d'enfant. Il mit dans sa préparation un peu d'esprit de fleurs d'orange, dont la fraîcheur, au contact de la peau, prend une intensité troublante et dont le sillage développe une fastueuse ivresse. Il l'accompagna des notes apaisantes de l'esprit de lavande, et ajouta de l'huile essentielle de cédrat et de bergamote, qu'il obtenait par expression. La reine les connaissait bien et en serait réconfortée. Il acheva les notes de tête par du galbanum, substance grasse, ductile comme de la cire, qu'il aimait utiliser en larmes et qui allait donner une tonalité verte, comme un petit coup de fouet entre la tête et le cœur du parfum. C'était ce qu'il ressentait nettement chaque fois qu'il cassait une tige bien verte et que s'en échappait cette note très puissante. Elle rappellerait que la reine avait brisé les codes de l'étiquette par son esprit libre et affranchi de la routine.

L'iris s'imposa très vite au cœur du parfum. Cette fleur, qui doit son nom à la messagère de Zeus, donnait une « poussière miraculeuse ». Son port altier et majestueux rappelait la reine, autour de laquelle, d'ores et déjà, l'iris créait un odorant halo. Son parfum secret exhalait une chaleur rayonnante, unique, très puissante et très contrôlée, dispensatrice d'une grâce absolue. Jean-Louis Fargeon l'utilisait déjà pour parfumer les gants et la poudre à cheveux de la souveraine, en se servant des rhizomes, qui fournissaient une précieuse essence, véritable trésor, ainsi que de la poudre qui possédait une note particulière. Il avait constaté qu'à partir de l'iris, on pouvait donner aux compositions l'odeur de la violette. La violette, grande rivale de la rose dans la faveur de la reine, se révéla soudain dans l'huile essentielle. C'était une fleur singulière, qui passait pour timide, mais dont le parfum puissant et typé n'était pas vraiment retenu et contrastait avec l'image modeste et pudique de la fleur qui se plaît à l'ombre. La violette était à l'image de la jeune Dauphine, fraîche et spontanée qui, une fois reine, avait dû apprendre à cacher ses sentiments réels et à faire preuve d'une grande puissance de dissimulation. Elle pouvait figurer la séduction amoureuse interdite à la souveraine, et ses impossibles amours avec le comte de Fersen. On disait aussi que les effluves de violette réveillaient le souvenir des amours défuntes. C'est pourquoi Fargeon voulut qu'elle fût présente dans sa composition non seulement par le biais de l'iris, mais aussi par ses propres feuilles dont il recueillit l'odeur par les huiles essentielles. Il y ajouta une pointe de la farouche, de l'envoûtante et exigeante jonquille, cette fleur en apparence fragile qui illuminait Trianon et dont émanait un parfum absolu aux tonalités contrastées, accord intimiste et opulent propre à donner le vertige.

C'est alors qu'il fit intervenir les trois blanches, les reines de la nuit : le jasmin, le lys et la tubéreuse. Il fallait leur donner les moyens discrets de leur triomphe, les sublimer sans les trahir, les raffiner et les présenter dans toutes leurs nuances. Il aimait le jasmin pour son feuillage aux courbes élégantes et ses pétales délicats d'un blanc porcelaine. La fragilité de la fleur contrastait avec l'étonnante force de son parfum, qui déclarait sur la peau sa fraîcheur et sa somptuosité. Fleur de Grasse par excellence, le jasmin avait une amplitude immense, mais comme la reine de France, il savait se faire aimer avec faste sans jamais se livrer. Fargeon pensa à recourir au lys et à l'eau odorante que l'on en retirait et qui avait la troublante sensualité d'un parfum radieux. La force soyeuse de ses pétales blancs révélait une délicieuse fraîcheur, presque aqueuse, soutenue par une note verte et subtile de feuilles à peine écloses. L'emblème royal avait un esprit éclatant, mais le parfumeur s'avisa que ce sillage céleste serait fatal à la composition qu'il mettait au point. Il y serait le représentant de la monarchie, non de la véritable personnalité de la reine, et mieux valait ne pas trop en user. Il se laissa tenter, toutefois, par la tubéreuse à longue tige qui s'élance majestueusement vers le ciel. Grasse en fournissait en abondance une espèce excellente dont les pétales blancs, épais et veloutés laissaient échapper un parfum envoûtant, suave et même sensuel. Fargeon avait pu constater que la tubéreuse avait le pouvoir de diminuer l'anxiété et de stimuler le désir. Il en mit juste un soupçon, car la reine aimait la fleur au naturel mais se méfiait du pouvoir vite obsessionnel d'une senteur à mi-chemin entre le miel et le venin. La tubéreuse avait-elle pour Marie-Antoinette un relent de ce qu'elle exécrait le plus : la corruption délétère des âmes ? Il songea que la fleur la plus odorante de tout le règne végétal pouvait aussi devenir criminelle.

Il lui fallait assurer le fond et arrondir l'accord de sa préparation. La vanille vint y apporter une note chaude et gourmande, souple et veloutée, rappelant l'enfance de l'archiduchesse et son goût pour les pâtisseries viennoises, touche gourmande de douceur et de gentillesse. Le cèdre et le santal apportèrent l'accord boisé des allées du Trianon. L'ambre et le musc donnèrent tout au long du parcours une chaleur sensuelle et animale, tandis qu'une pointe de benjoin apportait à l'ensemble de la chaleur et de la ténacité.

La composition destinée à l'élégant et viril inconnu posait un problème beaucoup moins ardu : elle appelait la bergamote, le jasmin et la mousse de chêne sur un fond de note de cuir, parfum noble et raffiné. Le sillage de celui qui le porterait serait particulier, comme le sceau d'un amour secret.

Fargeon apporta lui-même au Petit Trianon sa précieuse livraison et il demanda à Bonnefoy du Plan de la remettre à la reine en main propre. Quelques jours plus tard, il apprit que la reine était entièrement satisfaite de son parfum. Il avait réalisé son rêve.

III

Les notes de fond

1782-1794

« La Nature t'avait donné la beauté comme à la rose du matin.
Mais elle t'allait moissonner comme la rose du soir. »

Antoine LE CAMUS, médecin,
auteur de l'*Art de conserver la beauté.*

Réduire la dépense de la reine

Le succès du *parfum du Trianon* autorisait Fargeon à se présenter à la grande toilette de la reine. Tandis qu'elle s'entretenait avec ses femmes et ses plus proches amies, il demeurait discrètement près de la porte en attendant qu'on remarquât sa présence. Il arrivait que Marie-Antoinette lui fît signe d'approcher et l'accueillît par quelque propos gracieux, s'enquérant de la santé de son épouse et de ses enfants avant de lui demander un conseil. De retour rue du Roule, il ne cessait d'entendre critiquer celle qu'on surnommait désormais « Madame Déficit ». Victoire trouvait que son mari ne marquait pas assez son indignation pour ces propos, mais les discussions politiques s'arrêtaient là. Elle fuyait la boutique pour ne pas se mettre en fureur lorsqu'elle entendait traiter la souveraine de « première catin de France ».

Le parfumeur était au sommet de sa carrière. Ses premiers mois à Paris l'avaient confirmé dans la conviction qu'il était arrivé au moment le plus favorable qui fût. Le siècle était celui de la séduction éclairée par les lumières de la science. Chaque matin, la dame de qualité recevait dans son *Temple de la parure* grands seigneurs, poètes, philosophes, abbés de cour devant tout un étalage d'aiguières, de boîtes à mouches et à fards, de nécessaires, d'étuis, de flacons aux formes bizarres d'oiseaux, de singes ou de chiens, qui servaient à entretenir sa beauté. La toilette exerçait une fonction sociale que le spirituel ambassadeur de Naples décrivait mieux que quiconque : « C'est là que la galanterie, comme dans son trône, reçoit les billets doux, les renvoie, introduit l'amour et le congédie, le caresse et le gronde, l'agace et l'arrête ; c'est là que le marquis dispute avec le chevalier la conquête de la jolie veuve ou de la divine comtesse et qu'on fait assaut de bel esprit ; c'est là que des perroquets, des serins et des chiens se succèdent pour venir se faire admirer et baiser ; c'est là que les femmes de chambre toutes tremblantes sont renvoyées, rappelées et toujours grondées, et qu'un pauvre coiffeur, le peigne en l'air pendant deux heures, attend qu'une tête de girouette se fixe pour pouvoir enfin faire une boucle à la dérobée. C'est enfin dans un cabinet de toilette qu'un abbé de fondation raconte les historiettes galantes, fait le petit bouffon, s'unit au médecin pour complimenter Madame sur son magnifique teint, sa brillante santé, la collection de ses grâces, l'enjouement de son esprit[59]. »

Les toilettes de la reine coûtant de plus en plus cher et les critiques se faisant de plus en plus acerbes, on s'efforçait sans grand succès à Versailles de réduire la dépense. En 1781, la comtesse d'Ossun, nièce du duc de Choiseul et sœur du duc de Guiche, avait succédé à la duchesse de Mailly dans sa charge de dame d'atours, la troisième de la Maison de la reine. Elle avait trente ans, un grand bon sens, était ennemie du gaspillage mais non des plaisirs, fort bien vue de Marie-Antoinette et donc toute désignée pour ces fonctions difficiles. Déçue par l'avidité de l'entourage de Mme de Polignac et agacée par les incessants caprices de Mme de Lamballe, la reine appréciait le désintéressement d'une femme sans fortune qu'elle avait dû contraindre à accepter des appointements. Elle n'avait pas autant d'esprit que ses grandes amies, mais elle ne demandait rien, ni pour elle ni pour sa parentèle, et s'ingéniait à procurer à sa maîtresse des plaisirs simples et d'un coût raisonnable. Elle organisait de petits bals et des concerts où elle produisait des chanteurs à la mode, en un temps où Marie-Antoinette n'allait plus à l'Opéra de peur d'y essuyer des marques de froideur ou d'hostilité. Pour sa prise de fonctions, la comtesse d'Ossun demanda qu'on dressât enfin un état exact de la situation. Le secrétaire de la garde-robe rédigea un important mémoire afin de l'informer du fonctionnement du service. Elle y constata de nombreuses irrégularités et, après avoir entendu tous les fournisseurs, elle décida de mettre de l'ordre dans les comptes. L'année 1782 fut donc celle de la « réforme de la garde-robe ».

Les principales dépenses ne concernaient pas la parfumerie et Fargeon constata que, l'année précédente, elles avaient atteint moins du dixième des cent dix mille livres des « modes et parures ». Marie-Antoinette était incapable, en dépit de ses bonnes résolutions, de résister à la tentation d'une nouvelle parure. Elle le souhaitait pourtant et une cliente rapporta à la boutique ce qu'elle l'avait entendu dire au jeune Tilly, l'un de ses pages :

— Soyez vêtu plus simplement. Depuis quelques jours, voici déjà deux habits brodés. Votre fortune n'y suffira pas. La simplicité ne fait pas qu'on vous remarque, mais elle fait qu'on vous estime.

Hélas, la simplicité de la reine était ruineuse. Pour mettre un terme aux prodigalités, il fut décidé de « fixer le nombre des habits et robes nécessaires par saison et par année » et de « modérer les quantités de garnitures et de parures qui les accompagnent ». Les marchandes de mode se virent interdire de porter leurs articles directement chez la reine sans passer par la dame d'atours, qui désormais s'efforcerait de freiner leurs entreprises. Elles devraient déclarer leurs prix avant de déposer leurs mémoires, ce qu'elles faisaient avec retard, profitant de l'oubli où était leur commande pour en gonfler scandaleusement le montant.

Les mauvaises habitudes ne s'extirpent pas aisément et l'on n'arrête pas un torrent à mains nues. La comtesse d'Ossun, en dépit de tous ses efforts, se vit contrainte d'écrire au contrôleur général, le 16 mai 1783 : « J'ai l'honneur de vous adresser, monsieur, l'état général des dépenses de la garde-robe de la reine pendant l'année 1782. Ces dépenses montent beaucoup plus haut que je l'aurais voulu... J'ai lieu d'espérer que l'année actuelle sera moins chère. » Elle ne pouvait dire le fond de sa pensée : rien ne serait possible si l'on ne limitait les extravagances de la modiste bien-aimée de la reine. Les autres fournisseurs s'en irritaient et subissaient, à cause d'elle, des contrôles de plus en plus stricts. Fargeon vit à regret s'éloigner la protectrice de ses débuts, la princesse de Guéménée, dont l'époux avait connu, en septembre 1782, une faillite retentissante de vingt-huit millions de livres. Le scandale obligea la princesse à offrir sa démission de gouvernante des Enfants de France. Elle fut remplacée dans cette charge par Mme de Polignac, qui poussait aux dilapidations et aux imprudences.

Marie-Antoinette vilipendée

Tout ce que faisait la reine était décrié et son refuge champêtre de Trianon était tenu pour le repaire du vice. Elle y passait de plus en plus de temps et avait, chaque année, de nouvelles idées pour l'embellir ; un temple de l'Amour, dont la colonnade retenait captif un Cupidon sculpté par Bouchardon, s'élevait au milieu d'une île plantée de pommiers de paradis, de rosiers pelote de neige et de lilas ; une grotte était creusée dans un rocher ombragé de pins, de thuyas et de mélèzes. Mique conçut encore un village de poupées, un hameau aux neuf maisons couvertes de chaume. La reine pouvait enfin jouer à la fermière, regarder traire les vaches et battre le beurre dans une laiterie de marbre.

L'opinion était de plus en plus hostile à « l'Autrichienne » et les acclamations se faisaient rares sur son passage. Libelles et chansons la vilipendaient.

Elle s'obstinait à les imputer à l'esprit des Français : « Leur caractère est bien inconséquent, mais il n'est pas mauvais ; les plumes et les langues disent bien des choses qui ne sont point dans les cœurs », écrivit-elle à l'impératrice sa mère. Elle était trop bonne pour concevoir la méchanceté, et trop généreuse pour imaginer l'ingratitude. Comme les charmantes bergères et les pastoureaux, ses sujets étaient pour elle des créatures idéales. Sa charité, en revanche, n'était pas fictive et elle installa dans son hameau de Trianon douze familles pauvres qu'elle entretenait à ses frais. La froideur qu'on lui marquait n'était pas nouvelle : les Parisiens avaient boudé la cérémonie des relevailles qui avait suivi la naissance de sa fille le 8 février 1779. Qu'étaient devenus les milliers d'« amoureux » qu'avait présentés le duc de Brissac à la Dauphine le 7 juin 1773 ? Les chefs de la conjuration formée contre elle habitaient les châteaux de la famille royale. Mesdames tantes faisaient bon accueil, dans leurs salons de Bellevue, à tous les cancans fielleux. Au Palais-Royal, fief de la famille d'Orléans, on rêvait d'un ordre politique éclairé par les Lumières et inspiré par Jean-Jacques Rousseau. Les officiers de retour de la guerre d'Indépendance américaine vantaient un pays où la liberté et l'égalité abolissaient classes et privilèges. Aux yeux de beaucoup, la reine dirigeait en sous-main les affaires publiques dans le souci de servir l'Autriche, sa vraie patrie. A cet effet, elle faisait nommer des ministres incompétents et donnait des avis préjudiciables au pays que, par ses gaspillages, elle menait à la banqueroute. On critiquait en elle « l'insouciante dissipatrice, la châtelaine éternellement frivole de Trianon, qui sacrifie absurdement l'amour et le bien-être de vingt millions d'hommes à une orgueilleuse coterie de vingt dames et gentilshommes[60] ».

Le parti de la vertu l'accusait d'adultère sous prétexte de l'attachement qu'elle montrait pour Axel de Fersen. Elle avait fait la connaissance de ce bel officier dès son arrivée à Paris en 1775. Il avait tout ce qui faisait défaut au roi de France : la prestance, la beauté et la passion. Dès qu'elle l'avait aperçu, elle avait été séduite. Elle avait cherché à dissimuler son secret, mais elle s'était trahie par des rougeurs soudaines quand il pénétrait dans le salon où elle se trouvait. L'ambassadeur de Suède avait pu écrire à son roi dès avril 1779 : « Le jeune comte de Fersen a été si bien vu de la reine que cela a donné de l'ombrage à plusieurs personnes. J'avoue que je ne puis m'empêcher de croire qu'elle avait du penchant pour lui et j'en ai vu des indices trop sûrs pour en douter. » Le jeune homme, pour ne pas compromettre davantage la souveraine et pour échapper aux médisances, était allé se battre en Amérique avec Rochambeau, puis il était revenu à Paris, toujours aussi épris. Il n'avait dévoilé son secret qu'à sa sœur et confidente : « Je ne puis être à la seule personne à qui je voudrais être, la seule qui m'aime véritablement[61]. » De 1785 à 1787, il partagea son temps entre Versailles et Maubeuge où était cantonné le régiment dont lui avait fait présent le roi, traité par les mauvais esprits de cocu complaisant. On prétendait qu'il rendait des visites secrètes à Marie-Antoinette. Elle devait le qualifier un jour de son « seul ami sincère ». N'avait-il pas reçu d'elle un cachet avec la devise *Tutto a te me guida* (« Tout me conduit vers toi ») ? Des divertissements innocents faisaient jaser. Marie-Antoinette se produisait sur scène dans son petit théâtre de Trianon. Elle était la Colette du *Devin du village* de Jean-Jacques Rousseau, était-ce digne d'une reine de France ?

Fargeon pressentait que le temps de l'égalité et de la fraternité approchait. Plus que jamais partisan des idées nouvelles, il s'entretenait par lettres avec son frère Joseph-Jacques-Mathieu, membre de la loge maçonnique de Grasse La Nouvelle Amitié. Ensemble, ils condamnaient un pouvoir corrompu et une société archaïque et vantaient la démocratie à l'antique.

En dépit des bonnes intentions de la comtesse d'Ossun, en 1785 l'état général de la garde-robe atteignit le montant sans précédent de deux cent cinquante-huit mille livres. Entre les mains de l'illustre modiste, l'austérité coûtait des fortunes. Les étoffes simples et légères faisaient fureur : ce goût avait pris naissance à Bordeaux, où l'avaient introduit les créoles de Saint-Domingue qui ne portaient que de la toile, du linon, du calicot. La reine, sur l'avis de la Bertin, s'était prise de passion pour la mousseline blanche et le taffetas plissé. Mme Vigée-Lebrun la figura ainsi et les visiteurs malveillants du Salon « ne manquèrent pas de dire que la reine s'était fait peindre en chemise[62] ». Les soyeux de Lyon clamaient qu'on voulait leur ruine. Puis la désastreuse affaire du collier éclaboussa Marie-Antoinette d'un scandale que Mme Campan a parfaitement résumé en quelques mots : « Une intrigue sourde, combinée par des escrocs dans l'ombre d'une société corrompue. »

Le procès s'ouvrit le 15 août 1785 en présence de toute la Cour. La reine exigeait la mise en jugement du cardinal de Rohan et l'établissement de la vérité, mais le galant prélat passa pour une victime et les pamphlétaires s'en donnèrent à cœur joie. L'aventurière, Jeanne de La Motte, fut condamnée à la prison perpétuelle où elle serait enfermée après avoir été fouettée et marquée au fer. Mlle d'Oliva, qui avait joué le rôle de la reine désireuse de se faire offrir un collier de grand prix du joaillier Boehmer, fut mise hors de cause. L'acquittement du cardinal déclencha des applaudissements insultants pour la souveraine. Elle éclata en sanglots à l'annonce de la sentence.

Dans la rue, on l'insultait. Un quatrain dialogué avait un grand succès :

Marie-Antoinette :
Vous, la grisette, il vous sied bien
De jouer mon rôle de reine !

Mlle d'Oliva :
Et pourquoi non, ma souveraine ?
Vous jouez si souvent le mien !

Le parfumeur s'étonnait de voir critiquer la reine avec tant de malveillance. Un jour qu'il était seul dans la boutique avec le « beau Julien », il lui demanda pourquoi, à son avis, on calomniait tant la souveraine.

— La raison en est très simple : le roi n'a pas de maîtresse. C'est là un malheur sans remède car il est fort probable, fait comme il est, qu'il n'en aura jamais.

En souriant de l'ébahissement du parfumeur, le jeune fat expliqua que, selon une partition chantée depuis des siècles mais jamais écrite, la favorite royale avait pour rôle principal d'attirer sur sa personne la haine et la jalousie des dames de la Cour.

— Mme Du Barry jouait ce rôle à la perfection, sans parler des maîtresses de Louis XIV.

— Vous plaisantez sans doute, jeune homme ?

— Je suis on ne peut plus sérieux, monsieur Fargeon. La reine est doublement protégée par une rivale. Elle bénéficie de la part de toutes les femmes de la sympathie qui va naturellement aux épouses dont le mari est infidèle. De nos jours, hélas, les rôles sont inversés et c'est la reine, non le roi, qui a des favorites. Cela attire sur elle la jalousie de toutes celles qui voudraient l'être et ne le sont pas. Tout cela finira mal.

Le 27 mars 1785, Marie-Antoinette mit au monde un second fils, Louis-Charles, duc de Normandie[63]. Ce bel enfant, dont sa mère disait qu'il était « robuste comme un fils de paysans », ne lui rendit pas l'affection des Français. L'imprudente n'en continuait pas moins de donner des armes à ses ennemis. M. de Calonne était un ministre trop courtisan pour ne pas ouvrir largement ses coffres à ses fantaisies et Rose Bertin refusait avec obstination tout contrôle. Elle demandait un prix considérable « sans nul détail, pour chaque habit ou chaque ensemble de toilette », épouvantant les contrôleurs de Versailles.

Pourtant, la modiste connut les mêmes déboires que Jean-Louis Fargeon naguère : saisie de la folie des grandeurs, elle menait un train de maison ruineux et entretenait un personnel beaucoup trop nombreux. On apprit en janvier 1787 qu'elle déposait son bilan, et la baronne d'Oberkirch, qui ne lui pardonnait toujours pas sa suffisance, ironisa : « La Bertin, si fière, si haute, si insolente même... vient de faire banqueroute. Il est vrai que la banqueroute n'est point plébéienne, c'est une banqueroute de grande dame. Deux millions, c'est quelque chose pour une marchande de chiffons ! » D'autres assuraient que ladite banqueroute était simulée à seule fin de faire régler des impayés par la Cour et d'abord les deux millions dus par une « certaine personne ». Il est de fait que, dans les années suivantes, Rose Bertin parut si peu ruinée qu'elle fit des placements importants dans l'immobilier parisien[64].

Fargeon admirait son talent, mais il la tenait pour inapte au commerce et, comme tous ses collègues, il lui reprochait d'accaparer une part trop considérable des dépenses de la reine. Sa déconfiture ne le surprit ni ne l'attrista. Ses propres affaires étaient très prospères, il était bien en cour et faisait un commerce considérable avec l'étranger, surtout avec l'Angleterre et l'Amérique. Une menace planait sur l'une de ses productions, car Mme Vigée-Lebrun usait de son influence pour faire abandonner à la reine l'usage de la poudre. « En 1786, peignant la reine, écrit-elle, je la suppliais de ne point mettre de poudre et de partager ses cheveux sur son front. "Je serai la dernière à suivre cette mode, dit la reine en riant, je ne veux pas qu'on dise que je l'ai imaginée pour cacher mon grand front[65]." »

La reine, toujours belle, avait à jamais perdu son air d'insouciance. Mme Vigée-Lebrun la représentait, en 1787, entourée de ses enfants et le regard voilé de tristesse. La santé du Dauphin lui donnait une inquiétude justifiée, car l'année suivante, « sa taille se dérangea ». Une épaule était plus haute que l'autre et il parut à l'évidence que le futur roi de France serait bossu. Il souffrait d'une fièvre pernicieuse et, bien qu'on le transportât à Meudon dont le bon air était connu, il maigrissait et l'on redoutait une issue fatale. La reine avait perdu la petite princesse Marie-Sophie à l'âge de onze mois et, très ébranlée par cette épreuve, écrivait à Madame Elisabeth : « Nous pleurons sur la mort de mon pauvre petit ange. J'ai besoin de tout votre cœur pour consoler le mien. » Mère tendre et attentionnée, elle ne se souciait plus de dicter les lois de la mode et d'être la souveraine des chiffons.

La manufacture de parfums de Suresnes

La rue du Roule étant devenue un cadre trop étroit, la maison Fargeon dut transférer laboratoires et ateliers en un lieu plus vaste et plus commode. Suresnes présentait l'avantage d'être proche du séjour habituel de la reine, qui venait d'acquérir le château de Saint-Cloud sur le conseil des médecins du Dauphin dont la santé fragile réclamait un air plus sain que celui de Versailles. Le lieu se prêtait en outre à l'industrie du parfum : les coteaux de Suresnes étaient pour une grande partie couverts de vignes, mais on y voyait aussi de superbes champs de cette fleur d'un rose tendre connue sous le nom de « rose de Puteaux », dont Fargeon utilisait une grande quantité dans ses compositions.

A leur première visite, les époux furent charmés par la tranquillité du petit village. Ils décidèrent, en raison de l'aisance dont ils jouissaient, d'y acheter plusieurs propriétés. L'une d'elles était une belle maison des champs rue de Seine dont l'acte de vente fut signé le 31 janvier 1786 : elle était composée de « deux corps de logis, l'un sur la rivière appliquée par le bas à plusieurs caves au rez-de-chaussée et de ses dépendances. Le tout tenait d'un côté aux religieux de Saint-Germain-des-Prés, seigneurs dudit Suresnes, d'autre côté à la maison et jardin de Monsieur le comte de Skelton, résidant au château de la Source ; d'un bout à la rivière de Seine, le grand chemin entre deux et, d'autre bout par-devant sur ladite rue de Seine ou dite des Champs ». Ils équipèrent la demeure de « cabinets de toilette et salles de bains garnis de meubles et de baignoires de cuivre rouge[66] ».

Au rez-de-chaussée, on trouvait la cuisine, l'office, le garde-manger, la salle à manger, deux salons, une chapelle, la garde-robe et la salle de bains. A l'étage, pas moins de vingt et une chambres possédaient leur propre cabinet de toilette et garde-robe. Le parfumeur disposait d'un cabinet de travail et, pour ses loisirs, de deux salles de billard. Enfin, les dépendances comportaient des communs, un lavoir, deux bûchers, une serre et une orangerie. Dans la maison, qui faisait face à la première, il installa ses écuries. Puis il loua les locaux dans lesquels on préparerait les produits de son industrie.

Le personnel était fourni en abondance par les paysannes des environs, et la « Manufacture de Parfums » prospéra très vite. Le 22 août, il agrandit ses propriétés en faisant l'acquisition d'autres bâtiments. Jean-Louis Fargeon figurait désormais au nombre des personnages les plus importants de Suresnes, avant même le marquis de Châtenay. Il avait un équipage, des domestiques, et possédait argenterie, bijoux et œuvres d'art. Il poursuivait activement ses recherches et entendait exploiter les plus récentes découvertes pour, comme il le disait, « préparer les parfums auxquels l'inconstante déesse des modes accorde maintenant ses faveurs ». Il était tenu au courant par les lettres de son frère des derniers progrès de la technique de l'enfleurage des graisses, qui donnait d'excellentes pommades. La ville de Grasse s'en faisait une spécialité, en disposant dans des plats d'étain ou de poterie vernie les fleurs de jasmin et de tubéreuse ainsi que l'axonge (graisse animale) qui, à leur contact, se sature de leur odeur. On broyait aussi des amandes en une *pâte de Provence* de bonne vente tant à Paris qu'à Versailles.

C'était surtout dans le domaine de la distillation que Fargeon poussait ses recherches[67]. Il fabriquait l'huile, subtile et délicate à obtenir, de violette, celle, capiteuse, de la tubéreuse, la sensuelle du jasmin ou la farouche de jonquille. De son orangerie, il tirait des fleurs une huile légère qui, sous le nom de néroli, ne se figeait jamais. Il se passionnait pour les travaux de Denis Papin qui, au siècle précédent, avait songé à utiliser la force d'expansion de la vapeur, et il chercha, par de multiples tâtonnements, à adapter au procédé de la distillation sa « machine à vapeur », qui avait fait merveille dans l'industrie textile. Le *Mercure de France* avait relaté les progrès réalisés dans ce domaine, et il se plaisait à en imaginer de pareilles en parfumerie. Il installa donc six chaudières et des bassines et alambics en cuivre rouge, matériel important et perfectionné. A ses yeux, l'avenir résidait dans « les applications de la chimie moderne à cet art du parfum[68] ». Van Marum venait d'écrire que l'origine de l'odeur pouvait être électrique ; il en donnait pour exemple celle de la foudre, qui flotte après de grands orages d'été, quand l'air est devenu moins lourd.

Désormais, les livraisons à la Maison de la reine comportaient plus d'*eaux apaisantes* que d'*esprits perçants* et d'*élixirs de beauté*. Le *Journal politique* ou *Gazette des Gazettes* constatait en septembre 1788 : « Les marchands de Paris commencent à se plaindre qu'ils ne vendent point, et qu'ils ne trouvent plus de crédit dans les manufactures. Ce dernier fait est malheureusement trop vrai. Une autre particularité non moins affligeante est que plusieurs seigneurs renvoient beaucoup de leurs gens ; il en est qui en ont renvoyé jusqu'à quarante. » La reine avait donné l'exemple ; le 16 janvier 1788, un édit avait porté suppression de charges dans sa Maison pour un million deux cent six mille six cents livres. En juin, on avait remarqué que, lors de sa visite des Invalides, sa mise était des plus discrètes. Elle sentait venir l'orage. Un matin, Mme d'Adhémar fut appelée auprès d'elle ; elle trouva la reine au Petit Trianon en déshabillé du matin et les larmes aux yeux. « Je vous ai envoyé chercher, [lui] dit-elle, parce que j'ai besoin de savoir la vérité. Tout va mal, il me revient que les finances sont en mauvais état, et en outre, on ose m'accuser de ruiner le royaume au profit de mon frère ; c'est une fausseté insigne, de même qu'il est faux que la duchesse de Polignac puise à pleines mains dans le trésor. M. de Calonne est très embarrassé, il parle de convoquer ce qu'on appelle une assemblée des notables. Je vous demande de me dire ce que vous savez de tout cela. »

Mme d'Adhémar ne savait pas grand-chose, mais elle tenta de rassurer la reine par les propos d'un libelle en vers dû à un auteur anonyme. Un roi et une reine se voyaient annoncer une mort violente.

« Ces menaces rimées sont effrayantes ! s'écria la reine. Mais qui regardent-elles ?

— Cela ne peut toucher Votre Majesté, répliqua Mme d'Adhémar. On annonce des choses incroyables, des folies. Si tout cela se réalise, ce sera l'affaire de nos arrière-neveux.

— Plût au ciel que vous disiez vrai, repartit la reine, cependant ce sont des rencontres étranges[69]. »

Les signes néfastes se multipliaient. Un soir, Mme Campan étant près d'elle, la reine était assise à sa toilette sur laquelle brûlaient quatre bougies. Tour à tour, les trois premières bougies s'éteignirent. « Le malheur peut rendre superstitieuse, observa Marie-Antoinette ; si cette quatrième bougie s'éteint comme les autres, rien ne pourra m'empêcher de regarder cela comme un sinistre présage. » La quatrième bougie s'éteignit.

Néanmoins, on continuait dans le beau monde à s'amuser, à rire, à jouir de l'existence, comme si rien ne la menaçait. Lady Kerry, cliente de Fargeon et de la Bertin, tenait un salon à la mode où une joyeuse compagnie se donnait rendez-vous deux fois par semaine pour jouer au creps et au cavagnole. Entre deux parties, on parlait encore de coquetterie, de la place du rouge ou du dernier parfum. Fargeon vendait toujours ses incomparables pots-pourris dont il perfectionnait la formule dans son laboratoire de Suresnes. Un jour, il apprit que le Dauphin avait chassé de sa chambre Mme de Polignac par ces mots : « Sortez, duchesse, vous avez la fureur de faire usage d'odeurs qui m'incommodent toujours ! » L'amie de Marie-Antoinette ne se parfumant jamais, il pensa que la santé de l'héritier du royaume était très altérée.

Républicain d'abord

Le 4 mai 1789 se déroula à Versailles, pour la cérémonie du lendemain, la procession des trois ordres convoqués en états généraux. Rose Bertin avait créé la toilette que porta Marie-Antoinette : « La reine était mise à merveille ; un seul bandeau de diamants, avec sa belle plume de héron, l'habit violet et la jupe blanche en pailleté d'argent. Le roi portait le Régent à son chapeau. » Pour la dernière fois, la reine de France paraissait dans toute sa magnificence.

Tandis que Fargeon s'enthousiasmait du serment du Jeu de paume dont il avait eu l'écho en confidence, l'hostilité envers la reine ne cessait de croître. Un jour, des ivrognes braillèrent :

Louis si tu veux voir
Bâtard, cocu, putain
Regarde ton miroir
La reine et le Dauphin.

Victoire en fut si scandalisée qu'il fallut qu'un commis débouchât un flacon de vinaigre pour lui rendre ses esprits. A partir de cet instant, elle ne vit plus dans les patriotes que « tes amis les scélérats ».

Pourtant Jean-Louis, républicain de cœur mais étranger par nature à l'esprit de parti et à la haine, ne partageait en rien les outrances de son camp et il témoignait, quand il en avait l'occasion et que le propos était sans risque, que la reine était d'un naturel bienfaisant et généreux. Ainsi, depuis avril 1788, la petite Ernestine Lambriquet, orpheline d'une femme de chambre de Madame Royale, était élevée dans les appartements de la gouvernante des Enfants de France sur le même pied que la princesse et on lui livrait les mêmes articles. Marie-Antoinette avait adopté ou protégé plusieurs enfants pauvres. Mais il tenait à faire la distinction entre la femme et la souveraine et affirmait que toute monarchie peut dégénérer en tyrannie.

— Allons donc ! objectait Victoire. Le roi a-t-il jamais été un tyran ?

— S'il ne l'est, son successeur peut l'être. On a vu Commode succéder à Marc Aurèle. Il était temps que le peuple prît en main son destin. Crois-tu que, si les représentants du peuple avaient pu dire leur mot, ils auraient laissé la reine s'endetter follement comme l'a fait M. de Calonne ?

Il était persuadé que l'homme était naturellement bon et que seules les institutions le rendaient mauvais. La prise de la Bastille lui parut le symbole bienvenu de la fin de l'arbitraire royal, mais il déplora qu'elle eût été souillée de meurtres. Il entra avec enthousiasme dans la garde nationale que formaient les bourgeois parisiens. Lorsque survint la nuit du 4 août, il vit tous ses rêves prendre forme. L'agitation gagnait toute la France et les nobles avaient décidé de sacrifier leurs privilèges. Menés par le duc de Noailles, ils avaient déclaré accepter l'égalité devant l'impôt et l'abolition des droits féodaux. Dans une sorte de folie de la surenchère, chacun avait tenu à les imiter : le clergé offrit d'abandonner la dîme et les représentants des villes les privilèges provinciaux municipaux ou corporatifs. Fargeon fit la leçon à son épouse.

— Cette fois, tu ne parleras pas de scélérats ! C'est la Saint-Barthélemy des privilèges ! Le peuple a décerné au roi le titre de Restaurateur de la liberté et on célèbre demain un *Te Deum* à Notre-Dame. Mon père m'avait prédit que je verrais un jour l'égalité entre tous les Français. Elle s'est établie de façon pacifique et la révolution va pouvoir prendre fin.

— Dieu t'entende ! Tous ces troubles font du tort au commerce. La parfumerie se vend mal.

C'en était fini des poufs extravagants et des bonnets *au lever de la Reine*. On portait des *bonnets à la Bastille* décorés de la cocarde nationale, ou *à la citoyenne* en gaze blanche, d'une simplicité antique. La toile de Jouy triomphait des soieries, non plus cette fois par l'effet d'un caprice royal mais parce que le faste n'était plus toléré. De grandes dames étrangères avaient déjà cru prudent de quitter la France. La noblesse française ne tarda pas à en faire autant. Cédant aux instances de la reine, la duchesse de Polignac gagna l'Allemagne dans la nuit du 16 au 17 juillet. Le 8 août, on signala le passage à Bonn de la princesse Louise de Condé en route pour Coblence avec la princesse de Monaco et la marquise d'Autichamp. Le 5 septembre, la comtesse d'Artois partait pour Turin. En novembre, les biens du clergé furent confisqués pour servir de garantie aux assignats. La clientèle s'éparpillait aux quatre coins de l'Europe. Dans son magasin de moins en moins fréquenté, Fargeon voyait s'allonger la liste des impayés pour cause d'émigration. Il se consolait en se disant que son intérêt particulier devait s'effacer devant celui de la France. Surtout, il était heureux de n'avoir plus à cacher ses convictions républicaines. Il n'en faisait pas pour autant étalage, estimant qu'un commerçant ne devait indisposer personne.

D'autres affichaient leur opinion : des modistes vendaient des rubans « sang de foulon » et Rose Bertin, redécouvrant ses origines plébéiennes, chiffonnait des cocardes nationales qu'elle vendait au prix exorbitant de dix-huit francs. Des dames patriotes portaient des boucles d'oreilles et des bagues où un fragment de pierre de la Bastille était enchâssé dans l'or pour composer ces *bijoux à la Constitution*. Fargeon, quant à lui, ne voulut pas suivre l'exemple des joailliers et confectionner une pommade de la liberté ou une eau de senteur du sans-culotte. Pour la maison, la situation n'était nullement désespérée. Elle conservait sa clientèle étrangère et ses nobles clients n'avaient pas tous émigré.

Ainsi, la marquise de Tourzel, qui avait été veuve avec des enfants en bas âge qu'elle avait dignement élevés, avait le plus grand souci du bien-être du Dauphin bien que celui-ci la surnommât « Madame Sévère ». Les livraisons de la maison Fargeon en août 1789 comptèrent plusieurs douzaines de gants blancs, des paires de mitaines de peau de chien, des bouteilles de lavande, des litres d'esprit de vin, des pots de pommade à la fleur d'orange et de pâte d'amande, de la poudre à la fleur d'orange et des corbeilles de senteur en taffetas parfumé à la poudre de violette et au cypre. Fargeon continuait à fournir la reine en éventails parfumés, sans soupçonner qu'elle en usait souvent pour cacher ses larmes. Il créa pour elle un *vinaigre radical* ou *esprit de Vénus* à propos duquel il disait : « Cette liqueur est peut-être la plus pénétrante que je connaisse. Il suffit d'ôter le bouchon du flacon où elle se trouve pour remplir de son odeur tout un appartement, et si l'on porte le flacon ouvert proche du nez, il pénètre au cerveau avec tant de vivacité, qu'il semble que le crâne s'ouvre et se sépare en deux parties. Son parfum est des plus agréables[70]. »

Depuis la chute de la Bastille, la reine pressentait un départ forcé, car les députations se succédaient pour demander que le roi vînt à Paris. Dans l'éventualité d'une invasion du château, elle fit préparer par Mme Campan ses bijoux et brûla certains papiers. Le 5 octobre, Versailles fut envahi par la foule parisienne et, le lendemain, les émeutiers contraignirent le roi à résider aux Tuileries. « Les poissardes entouraient et précédaient le carrosse de Sa Majesté en criant : “Nous ne manquerons plus de pain ; nous tenons le boulanger, la boulangère et le petit mitron.” Au milieu de cette troupe de cannibales s'élevaient les deux têtes des gardes du corps massacrés. » Lorsque le roi fut reçu à l'Hôtel de Ville, Bailly le pria de s'asseoir sur un trône « alors qu'on venait de briser celui de ses aïeux[71] ».

L'ordre ancien venait de recevoir un coup fatal : le monarque était toujours respecté mais preuve avait été donnée qu'on pouvait lui forcer la main. Cela n'était pas pour déplaire à Fargeon. Les premiers mois de l'année 1790 le remplirent d'espérance : le 14 juillet, il alla assister avec sa section de gardes nationaux à la fête de la Fédération. Il revint du Champ-de-Mars enthousiasmé. En août, Louis XVI accepta de mauvais gré la Constitution civile du clergé. Le parfumeur en fut ravi : la superstition était enfin remise à sa place. L'Assemblée des représentants de la nation votait des lois équitables ; il approuva tout particulièrement celle que le docteur Ignace Guillotin, médecin philanthrope, avait proposée : « Dans tous les cas où la loi prononcera la peine de mort contre un accusé, le supplice sera le même quelle que soit la nature du délit dont il se sera rendu coupable. Le criminel sera décapité par l'effet d'une simple mécanique. » L'Assemblée avait voté ce texte.

— Tu vois, dit-il à Victoire, dans la France nouvelle, même les criminels sont égaux.

— Prions pour que la machine de ce docteur n'exécute que des criminels !

En mars 1791, la loi Le Chapelier abolit les corporations ; la communauté parisienne des gantiers, boursiers-ceinturiers et parfumeurs fut dissoute. Fargeon applaudit à l'avènement de la libre entreprise tout en ayant un pincement au cœur au souvenir de sa fierté lorsqu'il avait été admis dans la corporation. Celle-ci était endettée pour une raison estimable : elle avait offert au roi une importante contribution à la construction d'un vaisseau de premier rang pour la flotte de guerre dont, entre autres mérites peu connus, Louis XVI avait doté la France. L'abolition de leurs statuts donnait aux parfumeurs la liberté d'entreprendre, mais c'était un bien piètre cadeau en ces temps de mévente. Les ouvriers n'y trouvaient aucun avantage et la grève restait punie de prison. A la même époque, beaucoup d'évêques et de prêtres, sur l'ordre du pape, refusèrent de prêter serment à la Constitution civile du clergé. Fargeon y contraignit, sous menace de renvoi, le précepteur de ses enfants qui était prêtre. Victoire le désapprouva : elle lui dit qu'on ne pouvait pas prôner la liberté en général, tout en la refusant aux gens sur lesquels on avait autorité.

Un parfum de malheur

Au début de juin 1791, le parfumeur reçut un billet qui le mit en grand émoi : « Monsieur Fargeon voudra bien se rendre immédiatement aux Tuileries. Il se présentera à la petite porte donnant sur le passage des Feuillants. Le Suisse Parent l'introduira. A la porte située au pied du Pavillon de Flore, du côté du jardin, un valet de pied attendra Monsieur Fargeon et le conduira à l'endroit où il sera reçu. Pas le moindre retard. »

Il se hâta d'obéir et fut conduit, à travers les appartements presque déserts, jusqu'au cabinet de la reine. Elle l'accueillit avec sa bienveillance ordinaire et elle lui demanda ce qu'il pensait des événements en sa qualité de bourgeois de Paris. Ce n'était ni le lieu ni le moment de proclamer ses convictions républicaines et il n'avait nulle envie de suivre l'exemple de Léonard et de Mlle Bertin, qui se vantaient d'éclairer leur royale cliente en lui rapportant la rumeur publique. Il se contenta de dire que ses affaires l'éloignaient de la politique et de protester de son attachement à la personne des souverains, ce qui, dans son esprit, n'était pas faire allégeance à la monarchie. La reine sourit avec mélancolie : elle n'était pas dupe. Le *parfum du Trianon*, qu'il avait composé avec tant de soin, flottait autour d'elle. Stupéfait, il constata qu'il avait tourné : dans la mystérieuse alchimie de l'eau de senteur avec la peau, l'envoûtante odeur de la tubéreuse y écrasait les autres composants. Pourtant, il avait utilisé avec parcimonie la fleur dangereuse. Ce que reconnaissait son nez infaillible n'était pas ce qu'il avait voulu. Comment était-il possible que la reine ne s'aperçût point de cette altération ? Dans la senteur exquise s'était glissé quelque chose d'âpre et de brutal, comme l'annonce d'un malheur.

Il reconnut dans l'air une autre de ses créations : la fragrance virile qu'elle lui avait commandée pour en faire présent à un « homme très élégant ». Celui-ci s'était certainement trouvé dans la pièce quelques heures plus tôt. Qui était-ce ? Il ne souhaitait pas approfondir ce mystère. Il remercia la souveraine de lui avoir conservé sa confiance en dépit de la dureté des temps. Avant de prendre congé, il lui dit qu'il avait remis à Mme Campan l'ensemble de sa dernière commande, ainsi que celle de Mme de Tourzel. Il n'ajouta pas qu'il avait trouvé les deux listes étrangement longues, et qu'il avait eu peine à tout rassembler, car les matières premières arrivaient irrégulièrement en raison des troubles.

Il ne pouvait deviner la raison de ces énormes achats : la famille royale s'apprêtait à l'équipée qui allait se terminer lamentablement à Varennes. Axel de Fersen, pour sauver celle qu'il aimait, déployait une activité débordante et n'hésitait pas à prendre les plus grands risques. Il avait, dès février, mis au point son plan de fuite. Montmédy avait été préféré à Metz, parce que plus proche du Luxembourg. On éviterait de passer par Reims, ville du sacre, où le roi craignait d'être reconnu. On avait réservé une vaste berline, peinte en vert bouteille, au train et aux roues jaune citron, capitonnée de velours d'Utrecht blanc. « Dès le mois de mars, écrit Mme Campan, la reine s'occupa des préparatifs de son départ. Je passai ce mois auprès d'elle et j'exécutai en grande partie les ordres secrets qu'elle me donnait à ce sujet. Je la voyais avec peine occupée de soins qui me semblaient inutiles et même dangereux, et lui fis observer que la reine de France trouverait des chemises et des robes partout[72]. »

Il en allait de même des parfums, mais Marie-Antoinette, avec son inguérissable légèreté, s'était mis en tête de les emporter dans son superbe nécessaire de voyage entièrement regarni à cette occasion. Sans doute pensait-elle avec Montesquieu que « lorsque l'on a été femme à Paris, on ne peut plus l'être ailleurs ». On réussit à faire passer à Bruxelles une malle entière, mais le nécessaire posait un problème plus délicat. Il était « énorme, contenant depuis une bassinoire jusqu'à une écuelle d'argent ». Quand la reine prétexta vouloir l'envoyer en présent à sa sœur, Mme Campan tenta de l'en détourner, craignant « qu'il ne se trouvât des gens assez clairvoyants pour deviner que ce présent n'était qu'un prétexte de faire partir ce meuble avant son départ ». On prit soin de « ne laisser aucune trace des parfums qui pouvaient ne pas convenir à cette princesse », mais la précaution n'abusa pas une femme de la garde-robe qui dénonça, le 21 mai, au maire de Paris les intentions réelles de sa maîtresse. Elle ajouta que « Sa Majesté était trop attachée à ce meuble pour s'en priver, et qu'elle avait dit souvent qu'il lui serait très utile en cas de voyage ».

Afin de remplir les flacons de cristal, boîtes à poudre et pots à onguents de son cher nécessaire, Marie-Antoinette avait passé commande d'une infinité d'articles à ses divers fournisseurs. Fargeon avait livré, outre le *parfum du Trianon*, sa fameuse *poudre à la Fargeon*, des pots de pommade, quelques bouteilles d'eau de lavande, d'*eau céleste* et d'*eau souveraine* dont la reine aimait à se frictionner les tempes. Craignant l'épuisement du voyage, elle avait ajouté à sa commande l'*eau de fleurs d'orange* et l'*esprit de lavande*, réputés apaisants, divers vinaigres toniques et antispasmodiques ainsi que des sels revigorants et jusqu'aux sachets de *bain de modestie*. Elle n'avait oublié ni l'essence de bergamote ni les pommades à l'héliotrope et celles au citron, non plus que diverses eaux cosmétiques. Avec sa délicatesse ordinaire, elle s'était bien gardée d'avouer à Fargeon qu'elle aimait beaucoup les *esprits perçants* et la *crème de rose aux limaçons* de son jeune concurrent Jean-François Houbigant.

Une extraordinaire accumulation de maladresses précéda et accompagna la « fuite à Varennes », mais la coquetterie de Marie-Antoinette joua, elle aussi, un rôle néfaste. Ainsi, la reine ne concevait pas de se passer de son coiffeur. On mit dans le secret Léonard, et l'on eut l'imprudence de confier à ce Gascon bavard et vantard une mission de confiance : emporter un coffret contenant les diamants de la reine et prévenir les relais de chevaux de l'approche des fugitifs. Enfin, le 20 juin, la vaste et peu discrète berline emporta le couple royal, *alias* M. Durand et Mme Rochet, leurs deux enfants mais aussi Madame Elisabeth et Mme de Tourzel. Le départ de la famille royale était un secret de Polichinelle, et il fut peut-être toléré par les maîtres de la France parce qu'ils en attendaient un avantage politique. « Monsieur Durand » fut reconnu à plusieurs reprises avant que le maître de poste Jean-Baptiste Drouet lui portât le coup fatal. Le coiffeur de confiance trouva moyen – traîtrise ou sottise ? – de dire à des dragons venus protéger Sa Majesté qu'il y avait contrordre, ce qui les fit quitter leur poste. Lorsque des officiers arrivèrent de Paris, porteurs de l'ordre de l'Assemblée de « faire arrêter tous les individus de la famille royale », Louis XVI murmura : « Il n'y a plus de roi en France. » La reine, dans un inutile geste de provocation, jeta le décret à terre. Le retour fut effroyable : dans la chaleur et la poussière, la berline était devenue une prison roulante escortée par la force armée et huée par une populace en furie. A son arrivée, la reine, dont les cheveux avaient été « blanchis par le malheur », dicta un billet pour Mme Campan : « Je vous fais écrire de mon bain où je viens de me mettre pour soulager au moins mes forces physiques. Je ne puis rien dire sur l'état de mon âme ; nous existons, voilà tout. » C'était à l'art de son parfumeur préféré qu'elle devait ce petit réconfort.

Fargeon ne décolérait pas : il se sentait trahi par la fuite de la famille royale. Louis XVI avait refusé de jouer le jeu et d'être un monarque constitutionnel à la tête d'une république de fait. On pourchassait tous ceux qui étaient soupçonnés de l'avoir aidé. La dame d'atours, Mme d'Ossun, aussitôt arrêtée, fit à ceux qui l'interrogeaient une belle et fière réponse : « Je n'étais pas dans le secret. Si j'y avais été, je ne serais plus ici ; j'aurais précédé la reine. Si quelque chose me fâche, c'est que la reine ne m'ait pas prévenue. » Le parfumeur éprouvait les plus vives craintes : la berline regorgeait de produits venant de sa boutique. Allait-on le croire complice d'une entreprise dans laquelle il ne voyait, en bon patriote, qu'un stupide et impardonnable crime contre la nation ? Il accueillit la guerre étrangère comme une chance pour la France : elle allait pouvoir convertir l'Europe à la liberté, à l'égalité et la fraternité. Les premiers combats furent désastreux et l'opinion se retourna contre le souverain. N'aimant guère les mouvements de foule, Fargeon resta chez lui le 20 juin 1791, quand une foule furieuse fit irruption aux Tuileries. On vit alors voguer au-dessus des têtes une guillotine portant l'inscription : « Pour le tyran » et une potence à laquelle pendait l'effigie d'une femme avec les mots : « Pour Antoinette. » Le roi, perdant à jamais tout prestige, se laissa coiffer du bonnet rouge. Rue du Roule, les nobles clients étaient horrifiés : le boucher Legendre s'était adressé à Sa Majesté en le nommant « Monsieur », et il avait poursuivi : « Vous êtes un perfide, vous nous avez toujours trompés et vous nous tromperez encore ! » On citait un trait de courage et de dignité de Marie-Antoinette : en passant devant elle, qu'une simple table séparait de la foule en fureur, une poissarde l'avait insultée. La reine lui avait demandé si elle lui avait fait quelque tort personnel et la femme avait répondu : « Aucun, mais vous perdez la nation. » « On vous a trompée, avait répondu la reine. J'ai épousé le roi de France et je suis la mère du Dauphin. Je suis française, je ne reverrai jamais mon pays. Je ne puis être heureuse ou malheureuse qu'en France ; j'étais heureuse quand vous m'aimiez. » La poissarde avait fondu en larmes : « Ah, Madame, pardonnez-moi. Je ne vous connaissais pas et je vois que vous êtes bonne. » Victoire pleura d'attendrissement à ce récit. Dans le peuple, il n'y avait pas que de la canaille. Elle ignorait que le pire était à venir.

Le 26 juillet, le manifeste de Coblence, qui menaçait la France d'invasion, mit en effet le feu aux poudres. Le mot d'ordre fut de « désarmer la Cour », alliée de l'ennemi. La petite armée des fédérés, soit cinq cents Marseillais et trois cents Bretons, se trouvait alors à Paris, à pied d'œuvre pour alimenter l'insurrection. Les sections parisiennes y participèrent : quarante-sept sur quarante-huit avaient voté la déchéance du roi. Fargeon, qui se garda bien de l'avouer à son épouse, avait suivi le mouvement général mais il ne fut pas de ceux qui se lancèrent à l'assaut des Tuileries, ce

« repaire de nobles et de prêtres ». Le 10 août, « profond volcan de fureur[73] », les assaillants massacrèrent la garde suisse à laquelle le roi, ménager du sang de son peuple, avait donné l'ordre de ne pas tirer. Quelques femmes de la reine furent un instant menacées, mais on les avait relâchées avec un méprisant : « Coquines, la nation vous fait grâce ! » Cette fois, la monarchie était morte. Le roi et sa famille durent se « mettre sous la protection de l'Assemblée », c'est-à-dire à la merci de leurs ennemis. Le 13 août, les captifs furent transférés au Temple.

Les dernières livraisons

Nul n'osait plus se déclarer fournisseur de la Cour. Fargeon souhaitait continuer à servir la reine, qui, en prison, avait grand besoin de ses produits[74]. Il parvint à savoir qu'elle ne quittait pas les vinaigrettes contenant les eaux revigorantes l'aidant à supporter l'épreuve, et qu'elle usait abondamment d'eau-de-vie de lavande pour apaiser l'angoisse, ainsi que de pommades à la fleur d'orange et de pâte pour les mains. Une couturière put se rendre auprès d'elle et, bien que Rose ne fût plus à Paris, la maison Bertin poursuivit ses livraisons jusqu'en septembre. Fargeon glissa parmi les eaux de senteurs un flacon du *parfum du Trianon* en souvenir des bonheurs enfuis. Quand il alla se faire régler cette livraison, un sans-culotte lui rit au nez.

— Te moques-tu, citoyen ? Crois-tu que tu vas parfumer le groin du gros cochon aux frais de la nation ?

La Bertin avait fui vers Coblence, où l'attendaient ses anciennes clientes. On racontait qu'elle avait cédé aux injonctions de la reine qui craignait pour sa fidèle modiste. Son départ avait sonné le glas de l'élégance et une gazette avait écrit : « Mlle Bertin quitte la capitale, il ne restera plus à Paris que des fagotières. » Les mieux informés savaient que, lors de l'une de ses dernières livraisons aux Tuileries, la reine lui avait dit : « J'ai rêvé de vous cette nuit, ma chère Rose ; il me semblait que vous m'apportiez une quantité de rubans de toutes couleurs et que j'en choisissais plusieurs mais, dès qu'ils se trouvaient dans mes mains, ils devenaient noirs[75]. »

Le climat se faisait de plus en plus lourd. Les sans-culottes perquisitionnaient chaque maison et remplissaient les prisons de suspects. Le riche parfumeur se montrait le moins possible, car, tout patriote qu'il fût, sa mise et sa façon de s'exprimer le faisaient regarder d'un œil torve par les hommes du peuple. Le 17 août, la machine du docteur Guillotin avait été inaugurée pour exécuter Laporte, « intendant de la liste civile du ci-devant roi », et d'Anglemont, « agent royaliste ». Il fut décidé que la « guillotine » serait désormais dressée en permanence. Au début de septembre, sous prétexte de liquider les ennemis de l'intérieur, des bandes d'égorgeurs déferlèrent dans les prisons où s'entassaient les suspects. Des Marseillais et des fédérés tuèrent sauvagement, deux heures durant, plusieurs évêques et cent vingt prêtres à la prison des Carmes, puis on massacra, à la prison de l'Abbaye, les Suisses rescapés du 10 Août. Nul n'était épargné, ni les enfants détenus à Bicêtre ni les femmes à la Salpêtrière. La princesse de Lamballe fut tirée de la prison de la Force et tuée. Réfugiée à Turin, elle était rentrée en France dès qu'elle avait appris que la reine, son amie, était en danger. Sa tête fichée au bout d'une pique fut portée jusqu'au Temple pour que Marie-Antoinette pût la voir de sa fenêtre. « Peuple, clamait Billaud, tu immoles tes ennemis, tu fais ton devoir ! » Certains nobles affectaient de ne rien changer à leurs habitudes et, par pure crânerie, venaient rue du Roule chaque jour. D'autres avaient disparu, émigrés ou cachés dans leurs châteaux de province.

A sa séance d'ouverture du 21 septembre, la Convention décréta que la monarchie était abolie en France. « Les rois, s'écria l'abbé Grégoire, sont dans l'ordre moral ce que les monstres sont dans l'ordre physique. » On acclama l'orateur aux cris de « Vive la Nation ! Vive la liberté ! ». Tous les actes publics devaient être datés de la première année de la République et le sceau de l'Etat portait les mots « République de France ». Comme lors de l'abolition des privilèges, Fargeon eut une pensée pour son père. Il eût sans doute aimé voir la royauté céder la place à la république, mais était-ce ainsi que le lecteur des philosophes s'était représenté les temps nouveaux ? Pour sa part, Victoire vivait dans les transes. Son solide bon sens lui avait fait comprendre depuis belle lurette qu'il n'y avait pas de place, dans l'ordre nouveau, pour les anciens fournisseurs de la reine de France. Elle mit en garde son époux.

— Tu peux te proclamer patriote autant que tu le voudras, ces scélérats ne t'en sauront aucun gré. Ils viennent de la lie du peuple et savent seulement que nous sommes riches et que nous avons servi l'ancienne Cour. Nous ferions mieux de nous chercher un refuge discret.

— Nous cacher ? Tu déraisonnes, ma bonne ! Nous ne sommes pas nobles, que je sache.

— Non, mais cela ne suffira pas à nous sauver de leur fureur. Tu verras qu'ils tueront jusqu'au roi. C'est pour cela qu'on l'a mis en prison.

— Pas du tout, c'est seulement pour l'empêcher de prendre langue avec les ennemis de l'extérieur. Un jour, on l'expulsera et il rejoindra ses chers émigrés. On n'a plus besoin de lui maintenant que le peuple est souverain.

— Ils tueront le roi, te dis-je, et nous sommes en grand danger de connaître le même sort. Ces gens-là promènent les têtes sur des piques !

— Quelle révolution s'est jamais déroulée sans excès ? Cela passera. L'homme est naturellement bon comme l'a écrit Jean-Jacques Rousseau. Toute naissance est douloureuse, tu devrais le savoir toi qui es mère. Nous assistons à la naissance d'un monde meilleur.

— Ils tueront le roi !

Il ne répondit rien, car il sentait sa foi en la Révolution vaciller. La société d'égaux éclairés et bienveillants dont avait rêvé son père avait laissé la place aux fanatiques buveurs de sang du « parti agitateur ». A partir de ce jour, il ne remit plus les pieds à la section à laquelle il avait adhéré avec enthousiasme. Il n'était pas seul dans son cas. « Dans une section comptant trois ou quatre mille citoyens, vingt-cinq seulement ont formé l'assemblée », constate un rapport de décembre 1792. Ce même mois, Marat écrivait dans son brûlot : « L'ennui et le dégoût ont rendu les assemblées désertes. »

Fargeon ignorait tout de la vie que menaient les prisonniers du Temple et ne soupçonnait pas les mauvais procédés dont les geôliers en bonnet rouge accablaient la famille royale, qui les supportait chrétiennement. Comment eût-il pu savoir ce qu'un ci-devant capucin, le municipal Mathieu, était allé dire à Louis XVI : « La patrie est en danger. Nous savons que nous, nos femmes et nos enfants périront, mais le peuple sera vengé et vous mourrez avant nous » ?

L'odeur âcre du sang

Fargeon s'était abonné au plus grand nombre possible de feuilles et de gazettes, car il tenait à être parfaitement informé du déroulement des événements. Ce qu'il lisait lui donnait à penser que Victoire avait le don de prophétie. Les articles étaient autant d'appels au meurtre. Il en était secrètement indigné : habitué à la rigueur de la chimie, il souffrait des approximations de la politique. On présentait comme un tigre altéré de sang et un nouveau Néron un monarque débonnaire jusqu'à la mollesse, qui avait laissé massacrer ses partisans pour ne pas donner l'ordre de tirer sur les ennemis, un souverain humain qui avait aboli la torture et l'horrible supplice de la roue.

Lorsqu'on découvrit « l'armoire de fer », cachette secrète aménagée aux Tuileries pour dissimuler des correspondances compromettantes avec l'ennemi extérieur, Fargeon comprit que le roi était perdu. La Convention s'était érigée en tribunal. Le 11 décembre, le maire de Paris, Chambon, accompagné de Chaumette, procureur de la Commune, vint lire au souverain un décret portant : « Louis Capet sera traduit à la barre de l'Assemblée nationale. »

— Capet n'est pas mon nom, c'est celui de l'un de mes ancêtres, répliqua le roi.

En lisant le compte rendu du procès, le parfumeur ne put s'empêcher d'admirer la dignité avec laquelle se comportait le souverain. Il n'y avait rien à objecter à la phrase finale du plaidoyer lu par son défenseur, M. de Sèze : « Français, la révolution qui vous régénère a développé en vous de grandes vertus, mais craignez qu'elle n'ait affaibli dans vos âmes le sentiment de l'humanité. » L'humanité avait disparu de la République. Qui désormais, comme Marie-Antoinette, recueillerait les orphelins et doterait les filles pauvres ? Il tenait cependant à sauver la face devant son épouse. Elle lui demanda s'il n'avait pas pitié de la reine.

— Je la plains de tout mon cœur, mais je suis de l'avis du représentant Merlin qui lui dit le soir du 20 juin : « Madame, je pleure sur les malheurs d'une femme belle, sensible et mère de famille, mais ne vous y méprenez point, il n'y a pas une de mes larmes pour le roi ou la reine[76]. »

— Le beau raisonnement que voilà ! Comme si l'on pouvait insulter la reine sans outrager la femme, ou enlever ses enfants à la mère sans blesser la reine !

Le 21 janvier 1793 à 10 h 22 du matin, des roulements de tambour et le son du canon apprirent à Marie-Antoinette que Louis XVI venait d'être décapité. Elle pleura, puis elle s'agenouilla devant son fils, Louis dix-septième de ce nom, roi de France. La famille royale constituait encore une monnaie d'échange non négligeable avec les puissances étrangères. On autorisa la « veuve Capet » à commander des « robes de grand deuil, chaussures de ciré, jupons d'"hystaly" » et jusqu'à un éventail de taffetas noir. Mais c'en était fini des soins de beauté. Elle était à trente-sept ans une vieille femme à la santé chancelante, sujette à de fréquentes convulsions.

La boutique était presque déserte et Fargeon faisait valoir ses créances. Les mémoires relatifs aux deux dernières années du règne de Louis XVI étaient aux mains du citoyen Henry, liquidateur de la liste civile. Il alla le trouver, et le comptable signa l'autorisation de paiement sans prononcer un mot, d'un air profondément dégoûté. Le parfumeur frissonna à l'idée qu'il venait de se rendre suspect, mais il obtint le règlement des fournitures livrées aux Enfants de France le 16 août de l'année précédente. Il eut le cœur serré en lisant sur le reçu « fournitures acquittées par la République pour la Capet, veuve du dernier tyran des Français ».

A son retour chez lui, il monta dans son cabinet de travail et consulta les registres où Victoire avait noté avec son soin habituel les commandes royales. La première était datée de 1775, et elles s'étendaient sur dix-sept années. Il fit un grand feu et passa plusieurs heures à brûler ces documents devenus compromettants. Tous les fournisseurs de Versailles faisaient sans doute de même. Rose Bertin, qui réparait par son courage ses extravagances et ses mauvais conseils des temps heureux, était rentrée d'exil. Tenue pour une émigrée, elle avait trouvé ses biens confisqués. Elle put voir une dernière fois la souveraine en allant lui porter quelques fournitures.

Le 3 juillet fut la station la plus douloureuse du chemin de croix de Marie-Antoinette. Ce jour-là, on arracha le jeune Dauphin à sa mère. Dans le groupe de brutes qui envahit la chambre pour commettre cet enlèvement odieux, Fargeon lut avec tristesse que figurait l'un de ses confrères, avec un tailleur de pierres, un peintre, un avocat et un « lecteur secrétaire ». S'il avait pu la voir, il aurait eu peine à reconnaître la reine. Son visage, dont il avait jadis étudié la carnation délicate, était devenu celui d'une vieille femme. Quand, le 2 août, on la conduisit à la Conciergerie, qu'elle savait être l'antichambre de la mort, elle soupira : « Rien à présent ne peut me faire de mal. » On la traitait avec la dernière rigueur. Son lit était de bois avec une paillasse et un matelas garni d'une couverture de laine trouée et sale. Une jeune servante du nom de Rosalie adoucit de son mieux les derniers jours de la reine de France. Il faisait une chaleur suffocante et le linge lui manquait. On finit par lui accorder quelques chemises, deux paires de bas en soie noire et des chaussures. Rosalie lui procura une houppe de cygne, de la poudre et une bouteille d'eau parfumée pour ses dents. Son dernier luxe fut de boire l'eau de Ville-d'Avray, la seule qu'elle supportât à Versailles.

Elle se levait à 7 heures, enfilait son peignoir et ses pantoufles et « partageait sa chevelure sur le front après y avoir mis un peu de poudre embaumée[77] ». C'était trop encore et on lui confisqua ses vinaigrettes, sa poudre et sa houppe de cygne. Son sort apitoyait quiconque conservait un reste d'humanité. Des gendarmes connaissant son goût pour les fleurs lui apportèrent des œillets et des tubéreuses. On lui avait enlevé la montre dont le roi lui avait fait cadeau, puis les trois anneaux montés de deux solitaires en diamants qui ornaient ses mains et qu'elle tournait sans arrêt pour tromper l'ennui et conjurer l'angoisse. Elle ne possédait plus que deux robes rapiécées, une blanche et l'autre noire et un petit miroir acheté par Rosalie sur les quais pour

25 sous d'assignats. Sa bordure rouge et ses manières de chinois peints sur les côtés la ravirent. Celle qui avait possédé le plus beau nécessaire de voyage de l'univers rangeait ses hardes dans un carton.

Le 17 septembre 1793 fut votée la terrible loi des suspects. Un mois plus tard, la reine monta à l'échafaud. Fargeon lut sa condamnation dans le *Moniteur* : « En entendant prononcer son jugement, elle n'a laissé paraître aucune marque d'altération, et elle est sortie de la salle d'audience sans proférer une parole, sans adresser aucun discours ni aux juges, ni au public. » Il ne songeait plus à distinguer, comme il l'avait fait, entre la reine et la femme, à accabler l'une et à plaindre l'autre. Il parcourut avec dégoût dans le *Père Duchesne* l'oraison funèbre vomie par Hébert : « J'ai vu tomber dans le sac la tête du veto femelle ! Je voudrais, foutre, pouvoir vous exprimer la satisfaction des sans-culottes quand l'archiduchesse a traversé Paris dans la voiture à trente-six portières. Sa tête maudite est enfin séparée de son col de grue. L'air retentissait de cris de "Vive la République !". »

Tandis que Victoire pleurait, le parfumeur revoyait l'image de la jeune Dauphine, resplendissante de fraîcheur, de grâce et de majesté. Le bonheur rayonnait dans ses yeux et dans son sourire. Par la suite, il avait pu mesurer la subtilité de son goût, l'élégance de ses manières et la générosité de son cœur. Qu'importaient sa coquetterie et sa légèreté ? Elle les avait payées d'un martyre qu'elle avait supporté jusqu'au bout avec une admirable dignité, se montrant courtoise envers le bourreau lui-même.

Il se remémorait sa dernière visite aux Tuileries. Il avait été frappé par la façon dont le *parfum du Trianon* s'était altéré, et il avait éprouvé, en le respirant, le pressentiment de la tragédie. Etait-il possible que l'être humain, dans certaines circonstances, fût en odeur de malheur, comme on parle d'odeur de sainteté ? Il se souvenait des mots de Marie-Antoinette : « La tubéreuse exerce sur moi un pouvoir étrange. » Pourquoi aimait-elle à ce point une fleur qui lui ressemblait si peu et qui, lorsqu'elle tournait, prenait l'odeur de la chair en décomposition ? L'odorat était le plus subtil des sens. Percevait-il ce que l'esprit ne concevait pas encore ? Il pensa à Rousseau : « L'olfaction est le sens de l'imagination. » La reine avait-elle eu la prémonition de son destin ?

Après la mort de Marie-Antoinette, Fargeon demeura longtemps prostré dans sa retraite. Il ne regrettait pas l'ordre ancien, mais la Révolution s'était souillée de trop de crimes pour qu'il pût désormais en attendre quoi que ce fût de bon. Il était horrifié par la façon dont des hommes de haine l'avaient travestie. La Terreur faisait rage et, chaque jour, il apprenait que ses clients et clientes étaient montés sur l'échafaud après une parodie de procès. En dépit de ses convictions, il fut plus bouleversé par la fin de Mme Du Barry, le 9 novembre, que par celle, la veille, de la républicaine Mme Roland. Après la mort de Louis XV, la favorite avait retrouvé, au terme de dix-huit mois de pénitence forcée à l'abbaye de Pont-aux-Dames, la vie à laquelle elle était habituée et elle avait connu de nouvelles amours. On lui faisait payer chèrement ses bonheurs passés : « Citoyens jurés, s'était écrié l'accusateur public, vous avez prononcé sur les complots de l'épouse du dernier tyran des Français, vous avez à prononcer aujourd'hui sur les conspirations de la courtisane de son prédécesseur. Vous voyez devant vous cette Laïs célèbre par la dissolution de ses mœurs, la publicité et l'éclat de ses débauches, à qui le libertinage seul avait fait partager les destinées du despote qui a sacrifié les trésors et le sang de ses peuples à ses honteux plaisirs ! Vous avez à décider si cette Messaline, née parmi le peuple, enrichie des dépouilles du peuple qui payait l'opprobre de ses mœurs, descendue par la mort du tyran du rang où le crime l'avait placée... » Suivait le récit de l'exécution de la « femme Du Barry ». L'auteur racontait avec une délectation ignoble qu'elle avait poussé des cris déchirants en se débattant entre le bourreau et ses deux aides qui avaient peine à la maintenir. Elle avait imploré au moment où on la liait sur la planche : « Grâce, grâce, encore un moment Monsieur le bourreau ! » Seul le couperet avait pu la faire taire. Indigné, Fargeon fit une boule de la feuille imprimée et la jeta au feu qui brûlait dans la cheminée. Victoire trompait son angoisse par des travaux d'aiguille. Au froissement du papier, elle leva les yeux :

— Qu'ont-ils fait encore ?

— Ils ont guillotiné Mme Du Barry.

— C'est triste, mais ils ont bien osé guillotiner leur reine !

Il se tut, ne pouvant lui expliquer ce qu'il ressentait, et qu'elle n'eût pas compris. La mort de Marie-Antoinette, aussi atroce qu'imméritée, était celle d'une souveraine et d'un régime abhorrés. La Du Barry, elle, était issue du peuple et n'avait pour tort que d'avoir été aimée d'un roi. Il la revoyait sur son divan, le jour où elle l'avait si gracieusement reçu. Elle était l'image de la douceur de vivre. Elle avait reconnu son talent, et il se souvenait de l'état d'exaltation dans lequel il était en retournant à Paris. La Révolution venait de tuer en elle son rêve de jeunesse : porter la femme par son art à l'état de parfaite beauté qu'avait incarné la favorite. Il se sentait soudain étrangement las. Il n'était plus l'ami de l'avenir et des idées nouvelles. Il était lui aussi un ci-devant, un homme de l'Ancien Régime. Le raffinement passait pour un crime. Robespierre se piquait d'élégance et s'était fait peindre une rose à la main, mais l'Incorruptible n'usait pas d'eau de toilette. On en fabriquait pourtant qui portaient des noms nouveaux et effrayants : *élixirs à la guillotine* ou *Sent-bon à la Sent-son* par référence au nom du bourreau. Un jabot ou un mouchoir imprégnés d'essence de lys ou d'*eau de la Reine* pouvaient vous coûter la vie. Il n'y avait plus de place dans le nouveau commerce parisien pour un « parfumeur des Capet ».

Il se mit en quête d'un acquéreur pour son affaire et, pour rencontrer les candidats, il dut se rendre à Paris où il ne mettait plus les pieds depuis des mois[78]. La ville qui avait été la plus belle et la plus raffinée de l'univers était méconnaissable. Il passa devant une librairie à l'enseigne de *Notre-Dame de la Guillotine*. Tout était laid, sale et vulgaire dans le spectacle qu'offrait le peuple souverain. Les fêtes qui se succédaient, *fête de la Vertu*, *fête des Jeunes Gens* ou *fêtes des Vieillards*, n'avaient rien de commun avec celles de l'Ancien Régime. Il croisa des gardes nationaux accoutrés de la façon la plus ridicule : certains portaient un bonnet à poil, d'autres une crinière de cheval retombant sur la tête. Un adolescent était affublé d'un costume mi-romain, mi-écossais, jambes nues et tunique ornée de nids d'hirondelles en guise d'épaulettes. Il traînait un lourd glaive à l'antique passé dans une ceinture imitant la peau de tigre. Fargeon ne put s'empêcher de lui demander pourquoi il était vêtu de façon aussi singulière.

— Ah, citoyen, c'est une tenue bien incommode qu'on nous impose là ! soupira le jeune homme. Surtout le glaive.

C'était un élève de l'*Ecole de Mars* où l'on formait, près de la porte Maillot, les futurs officiers de l'armée de la République.

Le spectacle des femmes n'était pas plus agréable. La mode leur imposait des tenues sans grâce, des *négligés à la patriote* et des *toilettes à la Constitution*. Le citoyen sculpteur Especieux souhaitait voir les Français adopter comme tenue nationale « le casque et la chlamyde comme à Athènes ». Le citoyen peintre Wicar, élève de David, conseillait aux dames d'abandonner « les mouchoirs ridiculement gonflés qui recelaient leurs charmes les plus agréables ». Fargeon avait lu cet étrange conseil, mais c'est en vain qu'il chercha des yeux une dame allant torse nu dans la rue. Sans doute les Parisiennes n'étaient-elles pas encore assez patriotes. Les murs des maisons étaient couverts d'inscriptions républicaines. Dans les rues, se tenaient des *banquets patriotiques et fraternels.* « Sur ces tables lacédémoniennes, écrivait le *Journal de Paris*, il n'est besoin ni de nappes, ni de serviettes, ni de rien qui tienne au luxe. Dans cet état de simplicité de l'âge d'or, combien de cœurs sont disposés à la fraternité et à la douce égalité ! Les pères et mères attendris, au milieu de leurs enfants, jouissent avec délices des premiers fruits de la Révolution. » Lorsque, de retour à Chaumont, il lut ces lignes, Fargeon se frotta les yeux.

Dans les rues de la capitale, il n'avait pas vu la douce fraternité, mais des ivrognes beuglant des insanités et empestant la sueur. C'était une série de scènes plus ou moins dégoûtantes, plus ou moins grotesques. Ici, c'était l'ivresse avec ce qu'elle a de plus crapuleux. Plus loin, au milieu de tous les symptômes de la gaieté, des propos de cannibale ; ailleurs, des projets de massacre et d'incendie[79].

Le parfumeur était plus convaincu que jamais qu'il n'avait plus rien à faire dans ce pandémonium. La Terreur s'enflait comme un torrent, emportant tout sur son passage. La liste des émigrés s'allongeait chaque jour ; ils s'éparpillaient aux quatre coins de l'Europe : la comtesse Béon de Béarn, dame d'honneur de Madame Adélaïde, la marquise et la duchesse de Choiseul, Mlle Dillon, le comte et la comtesse de Duras, la comtesse de Laage, le comte Auguste de Lamarck, le duc et la duchesse de Luxembourg, la marquise de Marbœuf, la vicomtesse de Polastron, le comte d'Artois, la marquise de Tonnerre, la comtesse de Vergennes. Fargeon les avait tous fournis en parfums, et bon nombre d'entre eux n'avaient eu ni le temps ni la possibilité de régler leurs dettes. Parfois, un exilé scrupuleux faisait parvenir quelques pièces d'or accompagnées d'un mot où il demandait élégamment pardon du retard pris à s'acquitter de sa dette. Fargeon jouissait d'un revenu de douze mille trois cent trente-sept livres, ce qui était bien assez pour mener une vie aisée et continuer à payer l'emprunt forcé de sa section qu'il eût été imprudent de quitter[80].

L'arrestation du « parfumeur des Capet »

En décembre 1793, nivôse de l'an II, la maison de parfumerie Fargeon devint la firme Mouchet-Moulinet et Cie. Les repreneurs étaient des hommes nouveaux qui ne risquaient pas de passer pour des amis des ci-devant. Pourtant, après la signature de l'acte, ils émurent Fargeon en lui racontant avec compassion qu'ils avaient vu passer Marie-Antoinette dans sa charrette. Il se sentait grandement soulagé de n'être plus commerçant. A l'occasion de sa vente, il avait convoqué à Paris le responsable de la succursale de Nantes. Il en apprit de nouvelles atrocités : le représentant en mission Carrier, sorte de demi-fou, avait inauguré son règne en noyant quatre-vingts prêtres, et deux mois plus tard cinquante-huit autres. « Quel torrent révolutionnaire que cette Loire ! » avait-il écrit à la Convention. Le négoce avec l'étranger était suspect et la surveillance de la police s'était renforcée : les propriétaires et principaux locataires de maisons étaient désormais tenus « d'afficher sur la porte extérieure, dans l'endroit le plus apparent, et en caractères bien lisibles, les noms, surnoms, prénoms, âge et profession de tous les individus résidant chez eux ». Au nom de la liberté, la France se transformait en une immense prison.

Le 8 nivôse, 4 janvier 1794 selon l'ancien calendrier, Fargeon attendait l'arrivée d'un versement venant de l'étranger dans l'appartement qu'il avait conservé rue du Roule comme pied-à-terre parisien, quand des coups violents ébranlèrent la porte. Il ouvrit et vit surgir un peloton de sectionnaires en armes. Il redoutait cet instant depuis longtemps et ne fut pas étonné. Depuis quelques semaines, on arrêtait beaucoup d'anciens fournisseurs de la Cour.

Le chef du détachement lui donna lecture de l'ordre dont il était porteur :

« Le Comité de sûreté générale arrête que le nommé Fargeon, demeurant rue du Roule au numéro 11, sera saisi et conduit dans une maison d'arrêt, qu'en sa présence les scellés seront apposés sur ses papiers, après examen et distraction faite de ceux qui seront suspects et dont il nous sera fait rapport. Nous, citoyen Poupard assisté des citoyens Boulanger, Thomas et Collin, membres du Comité de surveillance, avons ordre de le conduire en la maison d'arrêt. »

— Je vous suis, citoyens, mais j'ai le droit de connaître les faits qui me sont reprochés.

— Tu les connais. N'attends-tu pas aujourd'hui quatre voyageurs venant d'Amérique, qui doivent te faire un paiement de six mille livres ?

— C'est exact, mais cela n'a rien que de régulier. J'ai effectué les livraisons correspondant à cette somme et mon négoce se fait souvent avec l'étranger.

Le citoyen Poupard ricana.

— Avec des faussaires.

— Comment cela, des faussaires ?

— Tes Américains étaient porteurs d'assignats contrefaits, comme a pu le constater le conseil général du district de Boulogne-sur-Mer. Ces faux assignats sont fabriqués en Angleterre par des émigrés dans le dessein de nuire au crédit de la République. Tu es accusé d'être le complice des faux-monnayeurs en introduisant leur production sur le territoire français.

Fargeon se sentit défaillir. Le crime de faux-monnayage avait, de tout temps, été réprimé avec une terrible rigueur et ceux qui s'en étaient rendus coupables étaient, quelques siècles plus tôt, jetés dans l'huile bouillante. L'accusation était si absurde qu'il se rebella :

— Moi, falsifier des assignats ? Mais c'est absurde !

— Si tu ne les as fabriqués, tu as du moins aidé à les répandre, ce qui est un crime égal.

Il ne parvenait pas à comprendre comment ses correspondants américains, gens parfaitement honorables, avaient pu se laisser abuser par des assignats contrefaits. Interrogé sur son autre résidence, il exhiba un tout récent passeport de la commune de Chaumont, en date du 29 frimaire, ainsi qu'une carte de membre actif de la section locale des gardes françaises et une carte de la société populaire.

— Tu vois bien, citoyen, que je suis un patriote et un ami de la liberté.

— Je ne vois rien du tout. N'es-tu pas l'ancien parfumeur de l'Autrichienne ? N'as-tu pas tiré profit de sa frivolité et des vices des ci-devant aristocrates ? N'as-tu pas concouru à ruiner la nation ?

— Je suis maître parfumeur, en effet, mais je n'ai rien fait de tout cela. J'ai fourni les ci-devant nobles sans partager leurs opinions, en chérissant dans mon cœur la liberté.

— Tu expliqueras cela au tribunal.

A la maison d'arrêt du Luxembourg, le geôlier le jeta dans une cellule où s'entassait une dizaine de prisonniers. A sa stupeur, son arrivée fut saluée par une bordée de rires.

— Voyez à quel point on nous gâte ! On nous envoie le parfumeur des aristos !

— Convenez que nous avons grand besoin de ses services.

— J'en conviens volontiers. Avant de me trancher la tête, j'entends qu'on la parfume de *poudre à la Fargeon.*

— Soyez le bienvenu ici, ci-devant parfumeur du roi, dit l'un des détenus. Vous auriez mieux fait de composer l'*eau des sans-culottes* ou l'*élixir de guillotine.*

Il apparut vite que tous les présents étaient des patriotes incarcérés pour dissentiment d'ordre politique avec le maître du moment. En les écoutant parler de Robespierre, Fargeon ne put s'empêcher de penser que le roi de France s'était montré infiniment moins arrogant et tyrannique que cet avocat provincial.

Les perquisitions se poursuivaient rue du Roule et l'on y découvrit deux canardières, un pistolet et quelques balles. Le 13 nivôse, à dix heures du matin, il fut extrait de la maison d'arrêt afin de donner des explications à propos de la détention de ces armes qui, de toute évidence, devaient servir à un attentat contre le peuple. Il assura qu'il aimait aller parfois à la chasse, mais on ne le crut pas.

— Nous savons que tu as caché d'autres armes ou de l'or dans ton jardin de Chaumont.

— Qui vous a raconté ces sornettes ?

— Cela importe peu. De toute façon, nous allons perquisitionner là-bas.

Ils tenaient une voiture prête et ils prirent la route sur-le-champ.

Victoire fut bouleversée en voyant surgir son mari entouré d'argousins, mais elle n'était pas femme à perdre son sang-froid.

— Je vous félicite de votre zèle, citoyens. On ne châtiera jamais assez les ennemis de la République. Toutefois, mon époux n'est pas du nombre, et de faux rapports vous ont égarés. Il a toujours haï le tyran.

Fargeon l'écoutait bouche bée. Mais le citoyen Bachot, agent national, qui menait la perquisition, était d'un naturel soupçonneux.

— Tout cela est bel et beau, citoyen, mais cette maison est trop luxueuse pour être la demeure d'un patriote.

— Je l'ai acquise quand la République a mis en vente les biens nationaux, dit Fargeon[81]. Elle était la demeure d'un émigré, et je ne suis pas responsable du luxe scandaleux dont il s'entourait. J'ai toujours ouvert ma porte aux patriotes et j'ai équipé à mes frais quatre glorieux défenseurs de la nation comme chacun pourra en témoigner.

— Tu détenais des armes à Paris.

— Je suis chasseur. Ce ne sont que des pétoires.

Les hommes du citoyen Bachot mirent les scellés sur douze meubles ou tiroirs. Le lendemain, les papiers furent examinés en présence du citoyen Neuville, président du Comité de surveillance révolutionnaire de la commune de Chaumont.

Pendant qu'on se livrait à cette occupation, Fargeon avait interdiction de parler à sa femme, mais le garde chargé de sa surveillance était un brave homme qui le connaissait bien, et ils purent échanger quelques mots. Victoire l'assura qu'elle multiplierait les démarches pour obtenir sa libération.

On ne trouva rien de compromettant dans les papiers et le 17 nivôse, à sept heures du soir, Fargeon fut ramené à Paris et conduit à la maison d'arrêt du Luxembourg pour y être « placé sous bonne garde jusqu'au procès[82] ».

Devant le Tribunal révolutionnaire

Les semaines et les mois se succédaient, et la santé du prisonnier s'altérait. Des crises de goutte le tourmentaient et il souffrait des séquelles de l'opération de la fistule qu'il avait subie. On semblait l'avoir oublié, comme si le Tribunal révolutionnaire avait trop de comptes politiques à régler pour se soucier d'un parfumeur. Il était tenu informé de ce qui se passait à l'extérieur par l'arrivée de nouveaux détenus. Ceux-ci n'étaient le plus souvent que de passage et, après un bref séjour, prenaient le chemin de l'échafaud, d'une autre prison, ou, plus rarement, de la liberté. Il entendait les conversations des geôliers, dont le poste de garde était tout proche de sa cellule. A sa grande surprise, ils critiquaient Robespierre qu'ils accusaient de fonder une nouvelle religion : « Nous n'avons pas coupé la tête à Capet, dit un jour l'un d'eux, pour célébrer les noces de l'Etre suprême et de la déesse Raison. » L'Incorruptible ne cessait de fustiger « les apôtres impurs de l'athéisme et de l'immoralité ». Pour Fargeon, il y avait là un sujet de réflexion : Voltaire avait-il terrassé en vain l'Eglise, qu'il surnommait « l'Infâme » ?

La Faucheuse, devenue folle, frappait de tous côtés. A la Convention, Barrère faisait l'apologie de la Terreur : « Il n'y a que les morts, disait-il, qui ne parlent pas. » En ventôse, on arrêta Hébert et les siens, et il fallut moins d'un mois pour juger et faire mourir ces enragés de la gauche extrême. Quelques jours plus tard, Condorcet se suicida dans sa prison. Fargeon l'apprit avec consternation, car il l'admirait et avait lu son remarquable *Rapport et projet de décret sur l'organisation générale de l'Instruction publique*. Il partageait l'idéal qu'il résumait en trois mots : raison, tolérance et humanité. Le 10 germinal, 30 mars de l'ordre ancien, une nouvelle fit sensation à la prison : on venait d'arrêter Danton. La chose parut d'abord incroyable, car le tribun s'était identifié à la Révolution. Il n'en fut pas moins guillotiné en compagnie de Camille Desmoulins et de Fabre d'Eglantine et, dans un dernier mouvement d'orgueil, il demanda au bourreau de montrer sa tête au peuple, car « elle en valait la peine ».

Floréal, qui avait été en des temps plus heureux le joli mois de mai, apporta un effrayant bouquet de têtes. Le 19, une fournée de vingt-huit anciens fermiers généraux fut livrée au bourreau. Le tribunal y inclut Antoine Laurent de Lavoisier, qui avait exercé cette charge financière en gérant la régie des tabacs. Fargeon avait lu les travaux du grand chimiste et s'en était inspiré. Lavoisier était tout le contraire d'un ennemi de la liberté et il incarnait le progrès des sciences. Dans son laboratoire de l'Arsenal, rendez-vous de tous les chimistes, il avait découvert le rôle de l'oxygène dans la combustion et défini la composition de l'air et de l'eau. Il avait mis son savoir au service de la liberté, formé les *élèves du salpêtre* afin d'armer la nation en guerre, et était devenu en quelque sorte « la Révolution elle-même contre l'esprit du Moyen Age[83] ». C'était ce savant patriote que l'on avait assassiné au seul motif d'un emploi qu'il avait occupé. Les chefs d'accusation retenus étaient, au demeurant, de plus en plus délirants : un porteur d'eau du nom de Valentin fut condamné à mort le 28 prairial par le Tribunal révolutionnaire de Paris comme « complice d'un complot dans la maison d'arrêt de Bicêtre pour poignarder les membres du Comité de salut public de la Convention, leur arracher le cœur, le griller, le manger et faire périr les plus patriotes dans un tonneau garni de clous[84] ».

Qu'allait-on imaginer pour accabler un homme dont le seul crime était d'avoir parfumé Marie-Antoinette et la Du Barry ? La nuit, Fargeon se réveillait en sursaut, en proie à la frayeur du couperet, mais avec la clarté du jour, des bouffées d'espoir l'envahissaient. La Terreur faisait trop de victimes pour durer encore très longtemps. Du 16 germinal au 22 prairial, soit en quatre cent trente jours, le Tribunal révolutionnaire avait prononcé 1 251 condamnations à mort. Par la suite, 1 376 autres infortunés furent « raccourcis » en moins de deux mois. Les geôliers eux-mêmes se lassaient de cette frénésie meurtrière. Le peuple boudait le spectacle de la guillotine, et il avait fallu la transférer de la place de la Révolution à la barrière du Trône, lieu moins fréquenté, pour la dérober aux regards. En gagnant du temps, peut-être Fargeon échapperait-il à la sinistre machine. Il pensa à Victoire qui se démenait en sa faveur et avait écrit à Robespierre que son mari avait une « moralité républicaine bien reconnue, une aversion constante pour les aristocrates, un grand empressement à fréquenter les patriotes » et que tous ses actes étaient « marqués de civisme et d'humanité ». Il savait combien elle devait souffrir de jouer la comédie de la patriote pour le sauver, et il était réconforté par la force de son amour.

Soudain, encore presque imperceptible, il huma l'odeur aigre du chou pourrissant : à l'autre bout du couloir, le chariot de la soupe venait de sortir des cuisines. Il tambourina contre la muraille pour annoncer la bonne nouvelle aux occupants de la cellule voisine. On attendait la distribution dans l'incertitude, car souvent le gardien était trop ivre pour pousser la lourde marmite. C'était à détecter son approche avant tous les autres que servait désormais le meilleur nez de France. Par moments, Fargeon se maudissait d'avoir employé tant d'efforts à affiner son odorat. Depuis des mois, c'était le sens qui le faisait le plus souffrir. Si le nez donnait vraiment accès à l'âme, la Révolution devait avoir l'âme basse car elle sentait la sueur, le mauvais vin, l'urine et le sang. Il se remémora l'odeur de Versailles. Certains recoins du palais empestaient, mais dans la longue pérégrination d'escaliers en couloirs qu'appelaient ses livraisons, il était réconforté à chaque instant par le sillage exquis d'une femme qu'il venait de croiser. Il se faisait un jeu de l'analyser au passage, et il se réjouissait lorsqu'il reconnaissait l'une de ses productions. Tout cela était bien loin maintenant et le souvenir des jours heureux ne pouvait que le faire souffrir.

A l'instant où il se répétait cette triste vérité, il entendit le fracas de la lourde clé s'engageant dans la serrure de la cellule. D'ordinaire, les écuelles étaient déposées sur le large rebord du passe-plat que le garde chargé de ce soin déverrouillait de l'extérieur. La porte s'ouvrit toute grande sur un gardien.

— Au tribunal !

Fargeon serra soigneusement son plaidoyer dans sa poche. Quatre municipaux l'attendaient aux ordres de deux commissaires empanachés qui déclinèrent leurs noms : Boulanger et Thomas. Le tribunal était tout proche et on s'y rendait à pied en traversant une petite cour. Il respira avec délice l'air tiède de juillet et voulut s'attarder un instant, mais l'un des municipaux le poussa si rudement qu'il faillit tomber.

— Hâte-toi, citoyen ! Tu n'es pas seul à être jugé aujourd'hui !

Il pénétra dans la salle que, par une ironie cruelle, on avait rebaptisée « de la liberté » après en avoir fait l'antichambre de l'échafaud.

Les juges étaient alignés sur une estrade derrière une longue table. On le poussa sur le banc qui leur faisait face. Il y était seul, n'ayant pas de coaccusés. Du moins échappait-il à l'accusation de complot. Derrière lui, une douzaine d'hommes et de femmes attendaient leur tour. Il sentit leur angoisse. Craignant d'indisposer ses juges, il n'osa pas se retourner pour examiner l'assistance, qui semblait assez peu fournie. Il se demandait si Victoire avait pu venir et si elle en avait eu le courage. Elle devait être là, car il se sentait étrangement serein. Sa femme lui communiquait sa force. Le président lui demanda de décliner son identité et son âge.

— Jean-Louis Fargeon, demeurant 11, rue du Roule, membre de la section des gardes françaises. Je suis âgé de quarante-six ans et j'ai deux enfants mâles, âgés l'un de quinze ans et l'autre de treize. Je suis marié et mon épouse est vivante. Je suis parfumeur.

— Citoyen Fargeon, tu as été mis en arrestation le 7 nivôse par ordre du Comité de sûreté générale pour une affaire de faux assignats trouvés sur des Américains débarqués à Boulogne-sur-Mer. Depuis, un témoin a fait une déposition contre toi, dont tu vas avoir à répondre. Nous avons envoyé des commissaires mener une enquête de civisme à ton égard.

Il vit avec surprise s'avancer le citoyen Dujardin, épicier qui demeurait dans une rue voisine de la sienne et qui fit contre lui la plus inique des dénonciations. En entendant ses propos, il frémit de colère. Il rassembla ses forces pour ne rien oublier de son plaidoyer. Enfin, le président du tribunal posa sa première question, qui sonnait déjà comme une accusation[85].

— Citoyen, tu t'es dit parfumeur de la Cour et de la noblesse. Tu as ainsi fourni le dernier tyran de France et cette louve d'Autrichienne. En conséquence, tu as davantage servi la cause de l'aristocratie que celle du peuple.

— J'ai succédé au sieur Vigier, parfumeur de la ci-devant cour de Versailles, dont j'ai conservé l'enseigne, mais c'est avec les marchands de la France et surtout de l'étranger que j'ai fait le plus fort de mon commerce. Ayant toujours employé beaucoup d'ouvriers, j'ai été utile au peuple et non à l'aristocratie.

— Au bout de deux ans, est-il exact que tu as fait une banqueroute de trois cent quatre mille livres ? reprit le directeur des jurés d'accusation.

— Ma faillite n'a été que de deux cent deux mille livres, et ce fut, après quatre ans d'établissement, une perte considérable. J'ai demandé remise de mes créanciers, qui m'a été accordée ; et j'ai depuis rempli tous mes engagements par un labeur acharné. J'ai élargi mon activité aux étrangers afin de ne pas être dans la dépendance des despotes. J'ai beaucoup commercé avec l'Amérique, berceau de la liberté.

— Mais il a été allégué, hurla un juré, que tu as répandu de faux assignats.

— Cette accusation est si ridicule qu'elle n'a pas été retenue un instant contre les Américains soupçonnés d'en être porteurs. L'un d'eux était Thomas Jefferson, ministre plénipotentiaire illustre par les services qu'il a rendus à la démocratie, que nul ne saurait soupçonner de porter préjudice à notre République. Ils ont été reconnus patriotes et remis en liberté rapidement. Depuis, sur la réclamation des sociétés populaires, la liberté a été également rendue au citoyen Chardin-Hadencourt et, plus récemment, au citoyen Lamy, poursuivis sous le même chef d'accusation que moi. Je n'ai jamais vu ni les assignats en cause ni le règlement de six mille livres qui m'était destiné. Il fut sans doute détourné par ceux-là mêmes qui firent courir le bruit infamant d'un faux-monnayage. Vous savez comme moi, citoyens, que les ennemis de la liberté ont coutume de calomnier les vrais patriotes.

Jusque-là, on ne pouvait rien reprocher à ses réponses. L'accusateur public se leva.

— Citoyen, en prenant équipage, tu as cherché à imiter les mœurs des ci-devant aristocrates que tu servais. Tu n'étais guère patriote.

— Ayant établi une manufacture à Suresnes pour l'amélioration de mon commerce et de la science, j'ai pris une voiture, car j'étais obligé d'y faire de fréquents voyages. On peut vérifier aisément qu'elle n'avait rien de luxueux.

Sur un ton haineux, l'accusateur revint à la charge.

— Citoyen, tu as acheté une terre à Montigny près de Gisors qui t'a coûté six à sept mille livres. Ta citoyenne d'épouse t'aurait apporté en mariage trois mille livres, et toi sept mille livres. Voilà une belle fortune de privilégiés, alors que le peuple souffrait de la faim. Par la suite, tu n'as cessé de t'enrichir et d'acheter force propriétés. De plus, ne comptes-tu pas dans ta famille, à Montpellier, quelques ci-devant ?

Fargeon sentit sur sa nuque le vent du couperet. Cette accusation-là menait tout droit à l'échafaud. Il veilla à ne pas transformer sa défense en harangue, mais il lui fallait frapper fort.

— Toutes les acquisitions que j'ai faites dans ce district sont des achats de biens nationaux pour une somme de trois cent mille cent vingt-deux livres, sur laquelle je dois encore plus de cent mille livres. Les dots n'ont pas été si importantes que vous l'avancez ; cette dénonciation ne respire que la malignité et l'envie de nuire. Il est bien malheureux qu'un citoyen qui a toujours fait preuve du plus pur patriotisme se trouve aujourd'hui en butte à de telles calomnies. Quant au citoyen Dujardin qui m'accuse, tous nos voisins confirmeront qu'il a l'esprit dérangé et qu'il est en proie à des chimères. Certes, j'ai bien un cousin noble, Lambert Fargeon, seigneur de La Lauze. Mais ne se peut-il donc pas qu'un même sang coule dans des veines sans que l'on partage pour autant les mêmes idées politiques ? J'ai toujours rêvé de la souveraineté du peuple, et je me soumets sans murmurer à votre censure. Vive la République une et indivisible ! N'est-ce pas d'ailleurs ce que j'ai proclamé avec vigueur dans ma déclaration sur l'honneur écrite lors de mon arrestation ? Je n'ai rien à ajouter, sinon pour clamer mon innocence et réitérer ma confiance dans le nouvel ordre et dans sa justice. Je suis un honnête républicain, qui clame son innocence et son patriotisme.

— Tu te dis donc patriote, citoyen. Mais quelles preuves en as-tu jamais données à la République ?

— Lorsque l'étendard sanglant de la tyrannie s'est levé, le 17 septembre 1790 j'ai offert deux mille quatre cents livres pour la Révolution et j'en détiens les reçus. Depuis ce moment-là, je n'ai cessé de servir ma patrie de tout mon pouvoir. Au commencement de 1792, j'ai envoyé quatre cents livres à ma section pour armer et équiper un volontaire en prenant l'engagement de donner trois cents livres par an tant que la guerre durerait. J'ai rempli avec plaisir cet engagement. J'ai donné trois cents livres pour la guerre contre les brigands de la Vendée. J'ai également donné pour les veuves et équipé deux volontaires. L'un deux nommé Vassal a eu ma promesse que, s'il se comportait bravement et revenait, je lui conserverais sa place et ses appointements. Il est revenu, et j'ai tenu ma promesse. Depuis deux ans, à Chaumont, département de l'Oise, pays que j'habite, j'ai donné autant de fois que nécessaire pour la levée des volontaires. J'ai eu un cheval en réquisition et j'en ai donné un second. J'ai envoyé à cet effet deux chevaux pour que l'on choisisse le meilleur.

— Il apparaît cependant, reprit l'accusateur public, que tu as employé un ministre de la superstition. Cela est-il digne du patriote à l'esprit éclairé que tu prétends être ?

— J'ai en effet eu un précepteur prêtre pour mes enfants. Je lui ai fait pressentir que, s'il ne prêtait pas son serment, nos sentiments opposés ne me permettraient pas de lui confier mes enfants, et il l'a prêté. Je les ai confiés ensuite au citoyen Le Carpentier, patriote prononcé dont les principes, chers à mon cœur, n'ont été altérés que par la peine que j'ai éprouvée lorsqu'il n'a pu me suivre à la campagne où je me suis retiré. Je m'en suis un peu dédommagé en correspondant avec lui et en le voyant à chacun de mes voyages à Paris. Soupirant toujours vers la liberté et le progrès, j'ai aussi prêché à mes ouvriers l'amour de la République. J'ai été le premier à Chaumont à mettre en place le calendrier républicain, à faire travailler mes charretiers les dimanches et à les faire reposer les décades. Je les ai augmentés de quinze livres par an pour adoucir leurs répugnances. J'ai augmenté mes ouvriers de cinq livres ce jour-là pour tâcher de les déterminer. Mais aussi, j'ai acheté d'un nommé Davy, ancien curé, pour six mille livres de biens et, quoique le contrat portât cette somme reçue comptant, il l'avait reçue en mon billet à ordre. Je ne l'ai pas payé et j'en ai fait ma déclaration à la Commune de Chaumont.

Le commissaire du jury d'accusation consulta les notes présentées par le greffier.

— Je vois que tu as acheté très cher pour environ quatre-vingt mille livres de biens nationaux, dont tu as bien profité. Tu dis que tu t'es toujours bien acquitté de ces sommes, qui prouvent pourtant que tu n'as cessé de t'enrichir. Cela n'est guère patriote. As-tu eu des largesses plus grandes envers l'armée de la République ?

— Certes, et j'ai payé les douzièmes échus à différentes époques, notamment lorsque les ennemis étaient près de Saint-Quentin, à peu près pour vingt mille livres au 7 septembre 1793. Comme je vous l'ai déjà assuré, il a passé un grand nombre de volontaires. J'en ai reçu beaucoup et je leur ai toujours fait prendre leurs étapes en argent et je les ai nourris. J'ai aussi contribué à l'acquisition de trois chevaux montés et équipés que la Société populaire des sans-culottes de Chaumont, dont je suis membre, a achetés pour offrir à la République. Les citoyens Ficher, Penal et Bellemin, officiers de l'armée révolutionnaire, peuvent attester mon civisme. Alors même que je suis au fond de ma geôle, je tente de servir la République. Avec l'aide de mon épouse, patriote comme moi-même, j'ai pu faire savoir au citoyen Desflandres, administrateur du district de Suresnes, que mes anciens locaux présentement loués au citoyen Lemoigne-Surigny se prêtaient admirablement à la récolte du salpêtre indispensable à la guerre contre les tyrans. Voyez citoyens comme l'argent que j'ai gagné dans mon métier auprès des ci-devant m'a servi à aider la République ! Non, je n'ai jamais songé un instant à faire passer mon or à l'étranger comme tant de fripons et cette seule idée me fait frémir d'horreur.

Il eut l'impression que son plaidoyer avait porté. Il n'avait pas même eu besoin de consulter son texte écrit, tant les mots dont il se servait pour proclamer son innocence venaient aisément sur ses lèvres.

L'avocat nommé d'office, dont il ignorait jusqu'au nom, poursuivit sur la même lancée. Il avait rencontré Victoire pour organiser sa défense, et elle lui avait remis les preuves de civisme de son mari qu'elle avait pu rassembler[86].

— Citoyens, lança le défenseur, vos commissaires ont fait depuis de longs mois pour remplir vos vues tout ce que l'amour de la vérité, de la justice et de l'impartialité peuvent suggérer à des républicains qui apprennent l'amour de la patrie, ne connaissant d'autre vertu que celle qui conduit l'innocence au triomphe et le crime à l'échafaud. Et si, comme nous aimons à le croire, le citoyen Fargeon s'est comporté comme il s'est conduit dans la commune de Chaumont depuis trois ans, il est indubitable qu'il sera bientôt rendu à sa famille et à la patrie qu'il paraît avoir sincèrement aimée. Dans les recherches que nous avons faites et que nous soumettons à votre examen, vous verrez, citoyens, que dans la très majeure partie des faits, il s'en trouve qui sont purement du ressort de l'humanité, cette vertu des âmes sensibles, et si vous ne croyez pas devoir les compter pour quelque chose en faveur du civisme de Fargeon, au moins votre souvenir se reposera-t-il encore avec attendrissement sur des actes où l'indigent et l'incendié ont eu à bénir plus d'une fois la main secourable qui s'étendit vers eux. Si, au contraire, vous jugez à propos de les rappeler dans l'acte qui vous est demandé de juger, vous acquitterez par là envers Fargeon la dette sacrée de la reconnaissance de nos pauvres et malheureux concitoyens qui pourront lui dire un jour : « Tu vois, citoyen Fargeon, que le bienfait n'est jamais perdu. »

Les yeux pleins de larmes, l'accusé était plus mort que vif. Le président fit un geste, et l'un des gardes frappa sur son épaule pour l'inviter à sortir du prétoire. Les jurés d'accusation et ceux de jugement se retirèrent pour délibérer. Son sort se jouait durant ces minutes qui lui semblèrent une éternité. Un garde le fit enfin revenir pour entendre le verdict.

— Citoyen Fargeon, dit le président, entends à présent la déclaration du jury : des recherches que nous avons faites et des faits que nous avons entendus, rien ne résultant à ta charge, ton innocence et ton civisme ayant été largement prouvés, le Tribunal révolutionnaire ne souhaite pas prolonger ta détention et à la suite de cet interrogatoire proclame ta libération sur-le-champ. La séance est levée. Libérez le prisonnier et faites évacuer la salle.

Il ignorait qu'en ce 9 thermidor de l'an II où on lui rendait la liberté, la Convention venait de voter l'arrestation de Robespierre.

Dans la petite cour, Victoire attendait son époux ; elle se jeta dans ses bras en pleurant de joie. Dans la voiture de louage qui les emportait vers Chaumont, elle lui apprit la chute de l'Incorruptible. Un Autié avait été décapité l'avant-veille mais elle ne savait pas s'il s'agissait du coiffeur Léonard ou de son frère. Il était monté dans la même charrette que le poète André Chénier. On avait guillotiné la comtesse d'Ossun, arrêtée à son domicile de la rue de Varennes sous l'inculpation d'avoir « participé à tous les complots qui se sont ourdis dans cette cour aussi perfide que corrompue ». On racontait que la dame d'atours était morte avec le courage et la sérénité d'une martyre.

Quand les époux arrivèrent dans la petite ville, la nuit était tombée. La nouvelle de l'arrestation et de la condamnation de Robespierre les avait devancés. On dansait dans les rues à la lueur des flambeaux pour fêter la fin de la Terreur. Fargeon sentit renaître en lui l'espoir. Après tant de sanglantes querelles, la France allait peut-être enfin connaître les bienfaits de la République des Droits de l'homme.

Épilogue

Après avoir échappé à la guillotine, le parfumeur de Marie-Antoinette n'avait qu'une ambition : finir ses jours en paix dans une confortable retraite. Il n'en alla pourtant pas ainsi et, au bout de quelque temps, il retrouva sa boutique de la rue du Roule que les nouveaux acquéreurs, n'ayant ni sa réputation ni son expérience, conduisaient à la ruine. Sous le Directoire, il parfuma incroyables, muscadins et merveilleuses. Sous l'Empire, il devint « Parfumeur distillateur breveté fournisseur de l'Impératrice ». Toutefois, sa santé était ruinée par la prison, et il mourut le 9 novembre 1806 à l'âge de cinquante-huit ans, dans son appartement du 11 rue du Roule.

Sa veuve et ses fils constituèrent une société pour l'exploitation de ses procédés. Après la mort de Victoire, elle prit la raison sociale de *Fargeon frères*, mais elle fut dissoute dès le 17 juillet 1815. Auguste-Frédéric conserva le magasin du Roule tandis qu'Antoine-Louis s'installait à l'enseigne de *Fargeon Jeune* au 13 de la rue Vivienne. Ils se partagèrent à l'amiable le matériel, la clientèle et s'entendirent pour exploiter de concert les recettes et formules familiales. Le percement de la rue de Rivoli obligea Antoine-Louis à transférer son magasin au 319 de la rue Saint-Honoré qu'il exploita jusqu'en 1830. Auguste-Frédéric devint parfumeur du roi et de la « nouvelle cour », ainsi que de S.A.R. Madame la duchesse de Berry. Il céda son affaire en 1824 à Jean-Baptiste Gellé. La maison *Gellé frères* fut réputée jusqu'en 1914 pour ses « produits issus de la science ». Son usine était installée à Neuilly, près de la porte Maillot. Détruite par un bombardement prussien en 1870, elle fut reconstruite à Levallois-Perret, non loin de la parfumerie *Oriza* fondée par le cousin qui avait recommandé Jean-Louis Fargeon à la veuve Vigier.

Parmi les fournisseurs de la reine qui avaient échappé à la guillotine, Rose Bertin se retira dans sa maison d'Epinay et y mourut en 1813. Le sémillant coiffeur Léonard – dont le frère avait péri avec Chénier – avait pu émigrer, et il vécut en Allemagne et à Moscou avant de rentrer en France sous Louis XVIII. Il ne rétablit jamais sa fortune et mourut en 1820. La propriété suresnoise acquise en 1786 par Jean-Louis Fargeon était limitrophe du château de la Source, appartenant au comte de Skelton. Un siècle et demi plus tard, elle passa au célèbre parfumeur François Coty, qui en fit sa demeure et y installa sa *Cité des Parfums* en 1904.

Notes

1. Archives municipales de Montpellier.

2. Simon Barbe, *Le Parfumeur François*, Lyon, 1693.

3. Antoine Dejean, *Traité de la distillation avec un Traité des odeurs*, Paris, 1753 et *Traité des odeurs*, suite du *Traité de la distillation*, Paris, 1764.

4. Fonds de faillites : « Etats et bilans », 1716-1780. Archives départementales de l'Hérault.

5. Cf. Béatrice Rivet, *La Parfumerie ancienne à Montpellier, XVI*[e]*-XVIII*[e] *siècle*, Bibliothèque municipale de Montpellier.

6. *Encyclopédie ou Dictionnaire raisonné des sciences, des arts et des métiers*, publiée par MM. Diderot et D'Alembert, vendue par Briasson à Paris, 1754. Tome IV, p. 1053-1054. Tome XXV, p. 1048-1049.

7. Déclaration 20. 09. 1743 II E 56/523. Marquès, notaire ADH. Mariage Faargeon/Salles : acte du 20.01.1744. Archives municipales de Montpellier.

8. E.B. de Condillac, *Traité des sensations*, in *Œuvres philosophiques*, réédition Paris, PUF, 1947, p. 222.

9. Denis Diderot, *Lettres sur les sourds et les muets.*

10. Savary des Brulons, *Dictionnaire universel du commerce, d'histoire naturelle, des arts et métiers*, 1762.

11. Comtesse d'Adhémar, in *Souvenirs sur Marie-Antoinette et sur la Cour de Versailles*, Paris, 1836.

12. Madame Campan, *Mémoires sur la vie de Marie-Antoinette.*

13. Cité par Arlette de Pitray, « Dans l'ombre d'une reine : Rose Bertin », *Les Annales*, juillet 1965.

14. Marquise de Durfort citée par Pierre de Nolhac, *Autour de la reine*, Tallandier, 1929, p. 16.

15. Germain Brice, *Description nouvelle de la ville de Paris,* Paris, 1698, 1706, 1725.

16. Marivaux, *Le Paysan parvenu.*

17. Comte de Ségur, *Souvenirs.*

18. Dépêche de l'ambassadeur d'Espagne : « Il est public que le Dauphin n'a pas encore consommé son mariage. Ce n'est pas à cause de quelque obstacle physique mais à la suite d'une sorte de frigidité morale. »

19. Cité par A. Cabanes, *Mœurs intimes du passé*, vol. 1, Genève, Farnot, 1976, p. 254.

20. Comtesse d'Adhémar, *op. cit.*

21. C'est ainsi que l'on nommait les boutons d'acné.

22. Marquis de Bouillé, cité par Pierre de Nolhac, *op. cit.*

23. ANY 93 32 : dépouillement du registre des « Parfumeurs admis à la maîtrise » à Paris.

24. Fargeon, *L'Art du parfumeur ou traité complet de la préparation des parfums, cosmétiques, pommades, pastilles, odeurs, huiles antiques, essences, bains aromatiques et gants de senteur*, Paris, 1801, p. 109.

25. *Ibid.*, p. 202 à 209.

26. Comtesse d'Adhémar, *op. cit.*

27. Guy Chaussinand-Nogaret, *La Vie quotidienne des femmes du roi*, Hachette, 1990, p. 239.

28. Madame Campan, *op. cit.*, livre I, chapitre 7.

29. AN. Minutier central des notaires, étude XLVII, contrat de mariage Ravoisié/Fargeon, 26.07.1774.

30. Bibliothèque de la Ville de Paris, série Actualités 120, archives Houbigant.

31. Fargeon, *op. cit.*
32. Article « Rouge » de l'*Encyclopédie.*
33. Fargeon, *op. cit.*
34. *Mémoires du comte Alexandre de Tilly*, Paris, 1929.
35. *Correspondance entre Marie-Antoinette et Marie-Thérèse*, Paris, 1933.
36. *Ibid.*
37. Mémoires de Bézenval.
38. Comtesse d'Adhémar, *op. cit.*, p. 113-114.
39. Cité par Pierre de Nolhac, *op. cit.*
40. Cité par Bordonove, *op. cit.*, p. 78
41. Madame Campan, *op. cit.*, p. 901.
42. Fargeon, *op. cit.*, p. 385-386.
43. *Ibid.*
44. Comtesse d'Adhémar, *op. cit.*, p. 179.
45. *Ibid.*
46. Fargeon, *op. cit.*
47. Baronne d'Oberkirch, anecdote du printemps 1782.
48. Comtesse d'Adhémar, *op. cit.*, p. 180.
49. Madame Campan, *op. cit.*
50. Hézecques, cité par Pierre de Nolhac, *op. cit.*, p. 240.
51. AN, AP61, Mémoires de J.-L. Fargeon à Monsieur Frère du Roy de 1780 à 1786.
52. Lettre de Marie-Antoinette du 12 juin 1778.
53. AP, carton 70, D4 B6, dossier 4589 : faillite de Jean-Louis Fargeon, greffe 2235.
54. Madame Vigée-Lebrun, *Souvenirs*, tome 1, lettre 5.
55. Fargeon, *op. cit.*, p. 201.
56. Madame Vigée-Lebrun, *op. cit.*, 1, 5.
57. Alexandre de Tilly, *op. cit.*, p. 14-15.
58. Madame Vigée Lebrun, *op. cit.*
59. L.A. Caraccioli, *La Critique des dames et des messieurs à leur toilette*, Paris, 1770.
60. Stefan Zweig, *Marie-Antoinette.*
61. Cité par Bordonove, *op. cit.*, p. 174.
62. Madame Vigée-Lebrun, *op. cit.*

63. Futur Louis XVII.

64. Cf. Emile Langlade, *La Marchande de modes de Marie-Antoinette, Rose Bertin*, Paris, Albin Michel, 1911.

65. Madame Vigée-Lebrun, *op. cit.*, 1, p. 37.

66. AN MC et VII/472 : vente de maison et jardin à Suresnes, 31.01.1786.

67. Fargeon, *op. cit.*, p. 42 à 84.

68. Fargeon, *op. cit.*, p. 2.

69. Comtesse d'Adhémar, *op. cit.*, p. 25.

70. Fargeon, *op. cit.*, p. 93.

71. Madame Campan, *op. cit.*, livre II, chapitre 1er.

72. *Ibid.*, II, chapitre 18.

73. Michelet, *La Révolution française*, Laffont Bouquins, I, p. 784.

74. AN KK 378 : année 1792, fournitures du sieur Fargeon au Temple. AN 013799 : fournitures de juin 1792 par le sieur Fargeon, maître-parfumeur à Paris.

75. Emile Langlade, *op. cit.*

76. Madame Campan, *op. cit.*, chapitre 20.

77. D'après les Mémoires de Rosalie Lamorlière.

78. AN F7 4391, Mémoires des fournitures de parfumerie faites par le sieur Fargeon, parfumeur pour le service des Enfants de France, réglé le 4 mars 1793.

79. Témoignage du conventionnel Edme Monnet cité par André Castelot, in *Historama*, juillet 1974.

80. F7 4702 : arrestation et jugement de Jean-Louis Fargeon, Comité de surveillance.

81. AN MCN, étude VII, répertoire 16 et 16 bis (1791 à an XIII).

82. A.N. F7 4702, n° 757, section des gardes françaises, 6 au 17 nivôse an II.

83. L'expression est de Michelet.

84. *Liste alphabétique des guillotinés sous la Révolution*, http les.guillotines.free.fr

85. *Verbatim* du procès, cf. A.N. F7 47702, pièce n° 33.

86. AN F7 47702, pièce n° 33.

Sources et bibliographie

Les sources disponibles pour traiter ce sujet capiteux sont à la fois abondantes et taries en certains points, notamment les dépenses de la reine en matière de parfums. Que sont devenues la plupart des factures ? Auraient-elles été détruites par désir de disculper Marie-Antoinette du reproche de dilapidation et de frivolité qui pesa si lourd sur son destin ? Une idée longtemps reçue voulait qu'à la cour de Versailles, on s'inondât de parfums pour couvrir les mauvaises odeurs. C'est à la fois faux et vrai. L'air comme l'eau continuent d'être à cette époque porteurs de maladies et d'épidémies et le parfum fait toujours office d'agent antipestilentiel, mais la révolution hygiéniste arrivant d'Angleterre dans le courant du XVIIIe siècle bouleverse les habitudes. En outre, comme il apparaît dans le récit, Marie-Antoinette appréciait les bains et les parfums.

Jean-Louis Fargeon est une figure emblématique de son temps et du métier de parfumeur. La plupart des archives utilisées pour retracer sa vie sont inédites, comme celles du *Minutier central des notaires*. Le dossier conservé aux Archives de Paris sur la faillite de 1779 est une véritable aubaine pour le chercheur. On y trouve établie une liste très précise des produits, magasins, créanciers et débiteurs.

On peut de surcroît rectifier l'information erronée selon laquelle ce fut un Jean-Honoré Fargeon qui fit faillite. Ce dernier n'a jamais existé, n'a jamais été le père de Jean-Louis Fargeon, qui se prénommait comme lui.

Le formulaire de Jean-Louis Fargeon, édité postérieurement à la période couverte, a été particulièrement précieux. Son étude révèle que les techniques, matières utilisées et formules élaborées datent bien du temps de Marie-Antoinette, avec des legs de ses ancêtres de Montpellier et quelques produits qui préludent à l'Empire.

La source principale est

Jean-Louis Fargeon : *L'Art du Parfumeur ou Traité complet de la préparation des parfums, cosmétiques, pommades, pastilles, odeurs, huiles antiques, essences contenant plusieurs secrets nouveaux pour embellir et conserver le teint des dames, effacer les taches et les rides du visage*, Paris, an IX (1801).

Archives nationales

Série 01 : Maisons de la reine et du roi.

Chapitre II : Départements des Grands Officiers de la Maison du roi, Papiers du Grand Chambellan ; Dossiers 830 à 836 : Garde-Robe : Etat des dépenses, mémoires acquittés et enregistrement des médicaments fournis jour par jour à la Maison du roi (du règne de Louis XV à 1790).

Chapitre VIII : Maisons des reines et des Enfants de France.

Dossiers 3746 à 3784 : Maison de Mesdames Adélaïde, Victoire, Sophie et Louise, filles de Louis XV.

Dossiers 3785 à 3789 : Maison des Enfants de France, du Dauphin, petits-fils et petites-filles de Louis XV, duc de Bourgogne, duc d'Aquitaine, duc de Berry puis Dauphin (Louis XVI), comte de Provence, comtesse de Provence, comte et comtesse d'Artois, Mesdames Clotilde et Elisabeth (1753-1792).

Dossiers 3790 à 3797 : Maison de Marie-Antoinette, Dauphine puis reine (1770-1791).

Dossier 3798 à 3799 : Maison des Enfants de France (1778-1792) et Dépenses générales (1782-1793) dont livre de dépenses du valet de chambre Cléry ainsi que « L'état des dépenses ordonnées par Madame de Tourzel, Gouvernante des Enfants de France, pour le service de Mgr le Dauphin et de Madame Fille du Roi ».

« Jean-Louis Fargeon, Maître Gantier Parfumeur Poudrier », 60 AP1 papiers de Javon, homme d'affaires conseil et créancier des fournisseurs dont celles de Fargeon (1780-1784-1785-1786). AA 53 1488 : Demande signée par la reine à la Conciergerie de vêtements de deuil, drap, couverture et chandelle avec les refus en marge. Série F4 1311 : Garde-Robe. Série CK 505 et 506 : Archives de Gardes-Robes.

Statuts de la Communauté des marchands gantiers-parfumeurs de Paris, Paris, Valade, 1772.

F7 4702 : Arrestation et Jugement de Jean-Louis Fargeon, Comité de surveillance.

F7 4391 : Mémoires des Fournitures de parfumerie faites par le sieur Fargeon, parfumeur, pour le service des Enfants de France, 16 août 1792, réglé le 4 mars 1793.

KK 377 : Dépenses de Monsieur le Dauphin, 1790.

KK 378 : Registre pour la tenue journalière des atours de la Garde-Robe et autres détails des chambres des Enfants de France, 1789 à 1792.

KK 380 : « Atours des Enfants de France » (1789-1791).

KK 374 : « Etat des Dépenses de la Maison du roi et de la reine », 1789.

CK 505 et 506 : Archives des Gardes-Robes.

S 1067B : Censive de l'archevêque.

Q1 1099 44 : Fief des boues et lanterne.

S 1203-1204 : Fief du Roule.

Minutier central des notaires

Et XLVII : contrat de mariage Fargeon / Ravoisié, 26 juillet 1774.

Et VII/ 472 : 31 janvier 1786 : achat de la maison et jardin de Suresnes au sieur de Launay de Bourdelot par le sieur et Madame Fargeon.

Et IX/ 806 : 22 août 1786 : achat de bâtiments de grange et de grenier et d'un jardin planté de figuiers à Suresnes (plan joint).

Et IX/ 806 : Extension de Suresnes, 22 août 1786.

Et VII/ 549 : constitution viagère du citoyen et citoyenne Fargeon au Citoyen Gautier, 6 frimaire an VIII.

Et VII/ 549 : vente de la ferme de Thibivilliers par Jean-Louis Fargeon à J.M. Chapelain du Broseron, négociant, 6 frimaire an VIII.

Et VII/ 578 : Inventaire après décès de Jean-Louis Fargeon, 14 juillet 1806.

Et VII/ 172 : constitution de société entre la veuve Fargeon et ses deux fils, 29 décembre 1808.

Et VII/565 : testament de Jean-Louis Fargeon, 27 brumaire an XII.

Archives de Paris

Carton D4B6, 4 janvier 1779, carton 70 ; Dossier de faillite n° 4589 de Jean-Louis Fargeon. Greffe 2235.

Carton D5B6, juridiction consulaire : registre 1165.

DQ 101437, dossier 2350 : « Dissolution de la communauté des gantiers-parfumeurs », mars 1791.

Bibliothèque de Versailles

Manuscrits n° 254 F : Mémoires d'ouvrages faits par Mlle Bertin, marchande de modes pour Mme Du Barry.

Bibliothèque historique de la Ville de Paris

Série 120 / Actualités : Dossier Houbigant.

Archives municipales de Montpellier

Acte de mariage Fargeon / Salles du 20 janvier 1744.

Acte de mariage Fargeon/ Romieux du 27 janvier 1715.

Acte de baptême de Jean-Louis Fargeon du 12 août 1748.

Archives municipales de Suresnes

CC3 n° 10 : « Extraits de la minute du rôle des vingtièmes de la Paroisse de Suresnes », art. 226 M. Fargeon pour une maison de campagne avec terrain et dépendances.

CC5 nos 2, 4 et 6 : Relevés d'imposition au vingtième pour l'année 1788 pour la paroisse de Suresnes.

CC3 n° 14 : Avis d'imposition au vingtième sur la paroisse de Suresnes pour l'année 1789.

Almanachs

Almanach royal (puis *national, impérial*) : Paris, 1697 à 1919.

Almanach Dauphin ou Tablettes royales des artistes célèbres et indications générales des principaux marchands, bourgeois, banquiers, négociants, artistes et fabricants pour l'année 1777, Paris, Lacombe, 1777, in-12.

Almanach du commerce des ans VI, VII, VIII.

Le Mercure de France, dédié au Roi par une société de gens de lettres. En particulier pour l'année 1770.

Ouvrages

Bertière (Simone), *Marie-Antoinette, l'insoumise*, Paris, Editions de Fallois, 2002.

Castelot (André), *Marie-Antoinette*, Paris, Amiot-Dumont, 1955.

Chalon (Jean), *Chère Marie-Antoinette*, Paris, Perrin, 1988.

Dufour (Hortense), *Marie-Antoinette, la mal-aimée*, Paris, Flammarion, 2001.

Huisman (Philippe), Jallut (Marguerite), *Marie-Antoinette, l'impossible bonheur*, Edita, 1970.
Lever (Evelyne), *Louis XVI*, Paris, Fayard, 1985.
Lever (Evelyne), *Marie-Antoinette*, Paris, 1991.
Lever (Evelyne), *Marie-Antoinette, la dernière reine*, Paris, Gallimard, 2000 (coll. Découvertes Gallimard).
Nolhac (Pierre de), *Marie-Antoinette dauphine*, Paris, Louis Conard, 1929.
Pitray (Arlette de), « Dans l'ombre d'une reine : Rose Bertin », *Les Annales*, juillet 1965.
Zweig (Stefan), *Marie-Antoinette*, Paris, Grasset, 1937.

Correspondances et Mémoires

Adhémar (comtesse d'), dame du Palais, *Souvenirs sur Marie-Antoinette et sur la Cour de Versailles*, 4 tomes.
Alemany-Dessaint (Véronique), *Un nécessaire de voyage de la fin du XVIIIe siècle*, Grasse, Musée international de la parfumerie, 1986.
Archives nationales, « Les Atours de la Reine », *Centre historique des Archives nationales*, 26 février-14 mai 2001.
Autié (Jean-Léonard), *Souvenirs de Léonard, coiffeur de la Reine Marie-Antoinette*, Paris, A. Fayard, 1905.
Bachaumont (Louis Petit de), *Journal ou Mémoires secrets pour servir l'histoire de la République des Lettres depuis 1762, 1777-1789,* 36 vol., Londres, Greg International, 1970
Baulez (Christian), « Le Domaine de Trianon », *Connaissance de Paris et de la France*, 1977, n° 35, p. 20 à 27.
« Notes sur quelques meubles et objets d'art des appartements intérieurs de Louis XVI et de Marie-Antoinette », *Revue du Louvre et des musées de France*, 1978, n°5/6, p. 359-373.
Besenval (Pierre, Victor, Baron de), *Mémoires du Baron de Besenval sur la Cour de France*, Ghislain de Diesbach,

Paris, réédition Mercure de France, « Le Temps Retrouvé », Paris, 1987.
Biré (Edmond), *Journal d'un bourgeois de Paris pendant la Terreur*, Paris, 1884.
Souvenirs de Léonard : coiffeur de la Reine Marie-Antoinette. Modern Collection, historique, anecdotique. Athème Fayard, éditeur.
Campan (Jeanne-Louis Genet), *Mémoires de Madame Campan, première femme de chambre, sur la vie privée de Marie-Antoinette*, Jean Chalon, Paris, réédition Mercure de France, « Le Temps Retrouvé », 1988.
Cléry (Jean-Baptiste Hanet, dit), *Journal de ce qui s'est passé à la tour du Temple pendant la captivité de Louis XVI, roi de France et autres mémoires sur le Temple*, éd. Jacques Brosse, Paris, Mercure de France, 1968.
Correspondance entre Marie-Antoinette et Marie-Thérèse, publiée par Georges Girard, Paris, Grasset, 1933.
Denis (Michel), Blayau (Noël), *Le XVIIIe siècle*, Armand Colin, collection « U », 1987.
Desjardins (Gustave), *Le Petit Trianon. Histoire et Description*, Versailles, 1885.
Furet (François), « Structures sociales parisiennes au XVIIIe siècle, l'apport d'une série fiscale », *Annales d'économie, société et civilisation*, 1961, p. 939-958.
Hillairet (Jacques), *Dictionnaire historique des rues de Paris*, Paris, 1693.
Jallut (Marguerite), « Château de Versailles. Cabinets intérieurs et petits appartements de Marie-Antoinette », *Gazette des Beaux-Arts*, mai 1964, p. 289-351.
Langlade (Emile), *La Marchande des Modes de Marie-Antoinette, Rose Bertin*, Paris, Albin Michel, 1911.
Lenôtre (G.), *Versailles au temps des rois*, Grasset, 1934.
Mauzi (Robert), « Les Maladies de l'âme au XVIIIe siècle », *Revue des sciences humaines*, 1960.
L'Idée du bonheur au XVIIIe siècle, A. Colin, 1965.

Mercier (Louis-Sébastien), *Tableau de Paris*, Amsterdam, 1782-1788.
Nolhac (Pierre de), *Autour de la Reine*, Paris, éd. Jules Tallandier, 1929.
Nolhac (Pierre de), *Le Trianon de Marie-Antoinette*, 1914.
Nolhac (Pierre de), *Marie-Antoinette Daupine*, rééd. 1929.
Nolhac (Pierre de), *La Reine Marie-Antoinette*, rééd. 1929.
Nolhac (Pierre de), *La Gazette de la Reine pour l'année 1782* (édition fac-similé), Paris, 1925.
Nolhac (Pierre de), « La garde-robe de Marie-Antoinette d'après des documents inédits », *Le Correspondant*, 25 septembre 1925, p. 840-859.
Nolhac (Pierre de), « Les Consignes de Marie-Antoinette au Petit Trianon », *Revue de l'histoire de Versailles et de Seine-et-Oise*, 1899, p. 3-10.
Nouvion (Pierre de) et Liez (Emmanuel), *Un ministre des modes sous Louis XVI, Mademoiselle Bertin, marchande des modes de la Reine, 1747-1813*, Paris, Leclerc, 1911.
Oberkirch (baronne d'), *Mémoires sur la Cour de Louis XVI et la Société française avant 1789*, par Suzanne Burkard, Paris, Mercure de France, « Le Temps retrouvé », 1970.
Perrot (Philippe), *Le Travail des apparences*, éditions du Seuil, 1984.
Reiset (comte de), *Modes et usages au temps de Marie-Antoinette*. Livre-journal de Madame Eloffe, Paris, 2 vol., 1885.
Roche (Daniel), *La Culture des apparences. Une histoire du vêtement, XVIIe-XVIIIe siècle*, Paris, Fayard, 1989.
Saint Priest (François Emmanuel Grignard, comte de), *Mémoires sur le règne de Louis XV et Louis XVI*, publiés par le baron de Barante, Paris, Calmann-Lévy, 1929 (2 tomes).
Tilly (comte Alexandre de), page de la reine, *Mémoires pour servir à l'histoire des mœurs de la fin du XVIIIe siècle*, Paris, 1929.

Tourzel (Louis-Joséphine de Croÿ d'Havré, duchesse de), *Mémoires de Mme la duchesse de Tourzel, gouvernante des Enfants de France pendant les années 1789 à 1795*, publiés par Jean Chalon, Paris, Mercure de France, « Le Temps retrouvé », 1969.

Tuetey (Alexandre), *Répertoire général des sources manuscrites de l'histoire de Paris pendant la Révolution française*, tome V.

Tulard (J.), Fayard (J.F.), Fierro (A.), *Histoire et Dictionnaire de la Révolution Française (1789-1799)*, Robert Laffont.

Verlet (Pierre), *Le Château de Versailles*, nouv. éd., 1985.

« Une acquisition du Louvre. Le nécessaire de voyage de Marie-Antoinette », *Jardin des Arts*, mai 1955, p. 401-408.

Vigée-Lebrun (Elisabeth), *Souvenirs*, édition féministe de Claudine Herrmann

Ouvrages sur la parfumerie et l'hygiène

Barbe (Simon), *Le Parfumeur royal ou l'art de parfumer avec les fleurs et composer toutes sortes de parfums*, Paris, 1689.

Baumé (Antoine), *Eléments de pharmacie théorique et pratique contenant les principes fondamentaux de plusieurs arts tels que ceux du confiseur, distillateur et parfumeur*, Paris, 1732.

Baumel (Jean), « Publicité d'un maître apothicaire parfumeur au XVIIe siècle », suivi de la réédition du « Catalogue des marchandises rares ou curieuses et particulières qui se font et se débitent chez J. Fargeon... concernant la santé, les parfums et les embellissements », Paris, *La Grande Revue*, 1974.

Becker (J.), « Jean-Louis Fargeon, parfumeur de la reine Marie-Antoinette, son séjour à Suresnes de 1786 à

1792 », *Bulletin de la Société historique de Suresnes*, Musée de Suresnes, René Sordes, 1966.
Caraccioli, (Louis Antoine), *La Critique des dames et des messieurs à leur toilette.*
Dictionnaire pittoresque et sentencieux, Lyon, B. Duplain, 1768.
Corbin (Alain), *Le Miasme et la Jonquille*, Paris, Aubier, 1982.
Dejean, pseudonyme de Hornot, (Antoine), *Traité des odeurs. Suite du Traité de la distillation*, Paris, 1764.
Traité de la distillation avec un traité des odeurs, Paris, 1753.
Demachy (Jacques-François), *L'Art du distillateur liquoriste*, Paris, 1775.
Dictionnaire universel du commerce, 1763.
Encyclopédie de Diderot, Denis et d'Alembert, Jean, Briasson, Paris 1751-1780.
Etrennes de Flore aux Dames, Paris, Desnos, 1775-1780.
Favre (Abbé de), *Les Quatre Heures de la toilette*, Paris, 1779.
Jaubert, abbé Pierre, *Dictionnaire raisonné*, Paris, 1770.
Laty (Dominique), *Histoire des bains*, Paris, PUF, 1996.
Le Camus (Antoine), *Abdeker ou l'art de conserver la beauté*, Paris, 1754.
Le Cat (Claude Nicolas), *Traité des sensations et des passions en général et des sens en particulier*, Paris, Vallat la Chapelle, 1767.
Lémery (Nicolas), *Dictionnaire ou Traité des drogues simples*, Paris, 1727.
Lespinasse (René Leblanc de), *Les Métiers et corporations de la Ville de Paris*, Paris, 1897.
Mikaïloff (Nathalie), *Les Manières de propreté*, coll. « Le vécu et le Vivant », 1990.
Parfumeur royal, *Traité des parfums*, Paris, 1761.
Pillivuyt (Ghislaine), *Les Flacons de la séduction, l'art du parfum au* XVIIIe *siècle*, Musée Marmottan, décembre 1986.

Pillivuyt (Ghislaine), *Histoire du parfum*, Collection de la Parfumerie Fragonard, Denoël.

Pinset (Jacques) et Deslandres (Yvonne), *Histoire des soins de beauté*, Paris, PUF, 1960.

Pomme (Dr Pierre), *Traité des affections vaporeuses des deux sexes*, 1782.

Rival (Ned), *Histoire anecdotique de la propreté et des soins corporels*, Jacques Grancher éditeur, 1986.

Rivet (Béatrice), *La Parfumerie et les marchands parfumeurs de Montpellier XVIe -XVIIIe siècle*, 1983.

Roche (Daniel), *Histoire des choses banales. Naissance de la consommation, XVIIe -XIXe siècle*, Paris, Fayard, 1997.

Savary des Brulons (Jacques), *Dictionnaire universel du commerce, d'histoire naturelle, d'arts et métiers*, 4 tomes, 1762.

Statuts de la communauté des marchands gantiers poudriers parfumeurs de la ville, faubourgs et banlieue de Paris, Paris, Copenhague, 1762.

Tronchin (Henri), *H. Tronchin, un médecin du XVIIIe siècle*, 1906.

Annexes

1

MONTPELLIER, CITÉ DES PARFUMS

A Montpellier, tous les marchands ou presque vendent des eaux et poudres odoriférantes. Les apothicaires ont une double activité. Ils possèdent depuis 1572 leurs premiers statuts et l'indépendance de leur corporation a été confirmée en 1674. Ils importent et fabriquent des drogues pour les malades. Bien qu'ils n'appartiennent pas au corps des marchands de la ville, ils composent et vendent des parfums. Ce fut le cas de leur ancêtre Jean Fargeon, apothicaire et parfumeur en 1653 de S.A.R. Mademoiselle Anne-Marie Louise d'Orléans, duchesse de Montpensier.

Les distillateurs, droguistes, limonadiers et liquoristes confectionnent des boissons, sirops et liqueurs mais les procédés de distillation sont les mêmes pour les fruits que pour les plantes aromatiques. Les barbiers-perruquiers-baigneurs-étuvistes, autonomes depuis 1691, sont autorisés à faire des « savonnettes, essences, poudres de senteur, pâtes et autres choses semblables pour leur usage et leur profession ». Enfin, les merciers, vendeurs d'étoffes et de rubans fabriquent et vendent des préparations odorantes et cosmétiques. Depuis 1551, la ville compte aussi des gantiers qui se font appeler depuis 1750 « gantier-parfumeur ». Traitant les peaux pour la confection des gants, ils les tannent avec différents produits, dont la myrte, qui les teinte et les désodorise selon la pratique italienne. La feuille de myrte séchée puis pulvérisée donne une poudre à tanner plus appréciée que celle qu'on tire de la feuille de chêne. Les peaux en restent parfumées. Cependant, c'est surtout à Grasse que les tanneurs sont les plus nombreux. En 1680 apparaît dans les registres fiscaux le titre de marchand parfumeur à travers le nom de Marc Antoine Deloche « marchand parfumeur du roi à Montpellier ». La famille Deloche et la famille Fargeon sont les deux plus anciennes et plus fortunées de leur profession à Montpellier. En novembre 1722, six maîtrises de « gantier-parfumeur dans la généralité de Montpellier » sont créées et vendues. De 1669 jusqu'au milieu du XVIIIe siècle, quatorze marchands deviennent maîtres : cette institution est largement antérieure à celle des statuts grassois qui ne datent que de 1724. Depuis la fin du siècle précédent, on a vu apparaître en ville toute une série de petites échoppes à l'enseigne de parfumeurs. Tous commerçants, du créateur possédant son laboratoire et sa chaudière dans l'arrière-boutique au simple revendeur. Ils installent leurs magasins dans les rues les plus commerçantes de la ville. On comptait vers 1738 cent parfumeurs en comptant le père, la veuve qui prend la relève au décès de celui-ci, puis le fils. Le terme « parfumeur » est un dénominateur commun à plusieurs autres activités avoisinantes comme distillateur, marchand parfumeur, gantier-parfumeur, marchand de liqueurs, liquoriste qui vendent aussi des eaux de senteurs.

2

La palette de Jean-Louis Fargeon*

Nous dressons ici la liste des espèces végétales et animales d'où provenaient les préparations de base que nous utilisions ainsi que celles entrant dans la composition complexe des produits que nous fabriquions dans la province du Languedoc et de la région grassoise. Cependant, la frontière des attributions des apothicaires et des parfumeurs n'était pas encore nettement marquée. Aussi nous mentionnons également les composants de préparations telles que l'eau d'arquebusade, eau vulnéraire ou eau de mélisse ainsi que certains vinaigres aux vertus antiseptiques. Ces différentes espèces entrent dans l'élaboration des eaux simples ou composées, selon les vues particulières de chaque artiste.

L'**encens** ou **oliban** vient de l'Arabie. C'est une substance résineuse d'un jaune pâle et transparent. Ses larmes sont semblables au mastic mais plus grosses. L'encens est sec et dur, d'un goût un peu amer, modérément âcre et résineux, non désagréable et d'une odeur pénétrante. Les gouttes d'encens sont transparentes, oblongues et arrondies. Elles ressemblent à des testicules ou à des mamelles, de là viennent les noms d'encens mâle et femelle. Ce parfum est

* Extraits de *L'Art du parfumeur*, cités p. 180.

employé pour répandre une odeur agréable dans les temples de presque toutes les religions. L'encens des Indes ou de Moka arrive en Europe par les vaisseaux de la Compagnie des Indes. On l'apporte en masse et quelquefois en petites larmes.

La **myrrhe** est une gomme résine odoriférante, qui nous arrive de l'Inde en larmes ou morceaux de couleur jaune ou rouge, un peu transparente. Elle est d'un goût amer, un peu âcre et aromatique, causant des nausées. Elle exhale une odeur assez désagréable quand elle est pilée ou brûlée. Elle doit être friable et grasse. Les morceaux très transparents et qui n'ont point d'amertume dans l'intérieur ne sont que de la gomme arabique. On doit également rejeter ceux qui sont brunâtres, visqueux et d'une odeur désagréable.

Le **benjoin** est une résine dure, fragile, sèche, inflammable. Son odeur est suave et pénétrante lorsqu'on la brûle, possédant une odeur de vanille. Elle découle par incision d'un grand arbre appelé *belzof*, qui croît dans les îles de Sumatra, Java ou dans le royaume de Siam. Si on sépare cette résine dans les temps convenables, elle est belle et brillante mais elle devient brune et il s'y mêle des ordures si elle reste longtemps à l'arbre. Le benjoin se sublime en fleurs argentées, lorsqu'on le tient sur le feu dans une cucurbite entourée de sable et couverte d'un cornet de papier. On emploie ces fleurs dans les parfums. La résine en nature, dissoute dans l'esprit de vin, donne une teinture, dont quelques gouttes rendent trouble et laiteuse l'eau dans laquelle on les jette. C'est ce qu'on appelle le lait virginal. Les dames en font usage à la toilette comme d'un cosmétique.

Le **styrax** ou storax calamite est une résine qui découle d'incisions que l'on fait au tronc et aux branches d'un arbre connu sous le nom d'*aliboursier*, qui croît dans les forêts de la Provence, de la Syrie et de la Cilicie et dont les fleurs sont semblables à celles de l'oranger. La résine du storax calamite est brillante, grisâtre, assez solide, d'un goût un peu âcre mais agréable et d'une odeur de baume du Pérou très pénétrante et suave. L'épithète de calamite lui vient de ce qu'on l'apportait autrefois de la Pamphilie à Marseille, enveloppée dans des roseaux (*kalam* en arabe). On trouve aussi le styrax d'Amérique qui est un baume provenant avec ou sans incision de l'écorce d'un arbre de la Louisiane, qu'on croit être le platane de la Virginie. Ce suc résineux est d'une consistance de vernis gras d'un jaune rougeâtre, d'un goût âcre aromatique et d'une odeur qui approche du styrax ou de l'ambre gris.

Le **labdanum** est une substance résineuse, que l'on recueille sur le ciste, petit arbrisseau qui croît en Chypre, en Candie, en Grèce et en Italie. Les parfumeurs préparent une huile odorante qui entre dans la composition des pastilles.

Le **galbanum** est une substance grasse, ductile comme de la cire, à demi transparente et brillante. La plante du galbanum, que Dioscoride appelle *métopion*, croît en Arabie, en Syrie, dans la Perse, en plusieurs pays de l'Afrique, surtout dans la Mauritanie.

Le **baume de La Mecque** est une résine liquide, d'un blanc jaunâtre, d'un goût âcre et aromatique, d'une odeur pénétrante, approchant de celle du citron. Il se tire par incision d'un arbrisseau, appelé baume véritable, qui croît naturellement dans l'Arabie heureuse, la Judée et l'Egypte. Cette espèce est très rare parmi nous. Les dames qui emploient ce baume en qualité de cosmétique en font le lait virginal et une pommade à la sultane qui sont fort estimés pour l'embellissement de la peau.

Le **musc** nous vient des Indes orientales et principalement du Tonkin. L'animal qui le donne est une espèce de gazelle ou plutôt de chevrotin. Il le porte dans une petite bourse près du nombril. Le musc le plus pur et le plus estimé des Chinois est celui que l'animal laisse couler sur les pierres ou les troncs d'arbres contre lesquels il se frotte. Cette drogue est sujette à être falsifiée. Celle qui est sans enveloppe doit être sèche, d'une odeur très forte, d'une couleur tannée, d'un goût amer. Etant mise sur le feu, elle doit se consumer entièrement. L'enveloppe qui contient le musc doit être couverte d'un poil brun ; c'est la peau de l'animal. Si le poil est blanc, il indique que c'est du musc du Bengale, inférieur en qualité à celui du Tonkin.

La liqueur odorante qu'on nomme civette se trouve dans une poche ou sac placé au-dessous de l'anus de l'animal du même nom, qui est originaire d'Afrique et s'appelle castor dans la Guinée. Cette liqueur est une humeur de la consistance de pommade ou de miel et est d'une couleur blanche. En vieillissant, elle jaunit et brunit. Son odeur quoique violente n'est point désagréable, elle est plus suave que celle du musc.

L'**ambre gris** se rencontre sur les bords de la mer, en morceaux plus ou moins gros. C'est une substance légère, opaque, grasse, de couleur cendrée, parsemée de petites taches blanches, odoriférantes mais dont l'odeur se développe bien plus lorsqu'elle est mêlée à une petite quantité d'autres aromates. L'ambre gris exhalait par lui-même une odeur terreuse mais employé dans les mélanges, il donnait une « finesse éthérée aux parfums ».

Le bon ambre gris s'enflamme et brûle et se réduit en une résine liquide de couleur dorée. Les parfumeurs en font un grand usage. On le rend plus agréable à l'odorat en le mêlant avec une petite quantité de musc, de civette ou de sucre. L'ambre jaune, substance bitumeuse et dure, d'une saveur un peu âcre, se recueille dans la mer Baltique, sur les côtes de la Prusse.

L'**ambrette** est une graine à l'odeur du musc. Elle est de la grosseur d'un grain de millet et se trouve dans le fruit d'une plante fort commune dans le pays Galam, dans les Antilles, en Arabie et en Egypte.

Le **costus odorant** est une racine exotique, tirée d'un arbrisseau qui ressemble au sureau et qui croît dans l'Arabie heureuse, au Malabar, au Brésil et à Surinam. Elle est coupée en morceaux oblongs, gros comme le pouce. Elle a une odeur légère de violette. Les Anciens s'en servaient pour faire des aromates et des parfums et ils la brûlaient sur les autels comme l'encens.

Le **calamus** ou roseau aromatique entre dans la composition de certains parfums ; il vient de l'Egypte ou des Indes. C'est la tige d'une plante creuse comme un chalumeau, de la grosseur d'une plume médiocre, remplie d'une substance fongeuse ou molle, d'un goût âcre et d'une assez bonne odeur.

Les autres parfums se tirent des fleurs ou des bois. Les fleurs sont typiques de la zone allant du littoral méditerranéen à la hauteur de Grasse. Voici leur nomenclature :

L'**aloès** est le bois d'un arbre qui croît en Cochinchine. On en distingue de trois espèces. La première est le calambac des Indiens, ou tambac : elle est résineuse et cède en quelque sorte sous les dents comme de la cire. Elle fond sur les charbons comme de la résine et répand une odeur des plus suaves : aussi ce bois est-il recherché par les grands de la Chine et du Japon, où il se vend au poids de l'or. Les Chinois en brûlent dans leurs temples : lorsqu'ils veulent recevoir une personne avec magnificence, et qu'ils veulent faire des festins somptueux, ils mettent de ce bois dans des cassolettes. L'odeur agréable embaume les appartements.

Ce bois est si précieux et si recherché dans ce pays qu'il n'en vient presque point ici. La seconde espèce est seulement celle qui se trouve dans les boutiques. Elle nous vient du pays en morceaux de diverses grosseurs, pesants, d'un rouge brun, parsemés de lignes résineuses et noirâtres, remplis de petits trous, dans lesquels est contenue une résine rougeâtre et odorante : ce bois mis sur les charbons ardents répand une odeur assez agréable. La troisième espèce de bois d'aloès est le bois d'aigle : il vient du Mexique.

Le **béen** est le fruit d'un arbre qui croît en Egypte. On en tire par expression une huile qui est très bonne pour corriger les vices de la peau. Les parfumeurs la recherchent beaucoup. Elle est excellente pour conserver l'odeur des fleurs, sans l'altérer, n'en ayant point elle-même, et elle ne rancit presque jamais. On met des fleurs par lits sur un tamis de crin, et sur ces fleurs, du coton imbibé d'huile de béen. Cette huile se charge de l'esprit recteur des fleurs, en quoi consiste l'odeur. On remet le même coton sur de nouvelles fleurs. On exprime ensuite l'huile du coton et elle a l'odeur de l'huile essentielle des fleurs.

Le **santal** était très estimé des Orientaux, la sciure entrait dans la composition de l'encens et l'essence formait la base de tous leurs parfums. Le plus recherché était le santal citrin « à l'odeur suave mais un peu écœurante pour le goût européen ; son principal mérite est sa grande ténacité ».

Le **palissandre** d'Amérique du Sud, le bois de Rhodes d'Orient, le sassafras d'Amérique du Nord ont une odeur fraîche convenant aux savons.

La **bergamote** est une espèce d'orange. On se sert de son écorce pour faire des boîtes à bonbons. On en tire une huile essentielle et un esprit ardent particulièrement perçant. Dans la famille des citracés, j'apprécie aussi l'orange douce, l'orange amère, le citron, le cédrat et la limette. L'essence de cédrat est extraite des fruits du *Citrus medica* et très utilisée dans les eaux de Cologne. La limette est une essence obtenue à partir du fruit du *Citrus aurantifolia* selon les procédés d'expression à froid ou de distillation à la vapeur d'eau. Les plantations se trouvent en Provence et en Italie.

L'**oranger amer** ou **bigaradier** est une mine d'or pour leurs producteurs car toutes les parties de l'arbre donnent leur parfum. Cet arbre, originaire de l'Inde, recouvre toutes les collines de Grasse et des environs. Les fleurs donnent de l'eau distillée ou eau de fleur d'oranger, de l'essence ou néroli, de l'huile ou de la pommade. La feuille donne de l'essence de petit grain. Les fruits donnent de l'essence de bigarade, qui sert à la fabrication de l'eau de Cologne. De l'oranger doux, on obtient du fruit de l'essence ou essence du Portugal. La floraison commence vers le milieu d'avril, en mai et dure jusqu'en juin.

Le **jasmin**, l'un des fleurons de la production grassoise, fut importé en Europe par les Arabes en 1629. Le *Jasminum grandiflorum* exigeait un traitement très particulier pour se développer dans cette région. Il s'obtenait en greffant un sauvageon qui rapportait des fleurs dès la première année. Ces buissons sont de trois à quatre pieds de haut et demandent à être plantés dans les hauteurs aérées mais à l'abri du vent. La floraison s'étend de juillet à octobre. Les fleurs s'ouvrent à six heures du soir et doivent être cueillies aussitôt, par courtes journées ou le lendemain matin après la disparition de la rosée. Mais une seule nuit de gel peut tout anéantir.

Ce travail délicat de culture et de récolte devient une spécialité de Grasse et le jasmin de Grasse est l'un des meilleurs en raison du savoir-faire de la main-d'œuvre. L'odeur des fleurs de jasmin est si délicieuse qu'on a tâché de la transporter dans plusieurs fluides. Ses fleurs ne fournissent point d'eau odorante pour la distillation. Ainsi, l'essence de jasmin qu'on nous apporte d'Italie n'est qu'une huile de béen aromatisée par les fleurs de jasmin. Pour cet effet, on imbibe du coton d'huile de béen, et on dispose ce coton lit par lit, en les entremêlant de lits de fleurs de jasmin. Le coton s'imbibe de l'odeur. On en exprime ensuite l'huile qui est alors fort aromatique et conserve assez longtemps cette odeur, pourvu que les flacons soient bien bouchés. Pour faire acquérir à l'esprit de vin cette odeur de jasmin, qu'il n'acquiert pas même par la distillation, il ne s'agit que de verser de l'huile d'esprit de vin sur l'huile de béen aromatisée, et d'agiter ensuite ce mélange. L'odeur de jasmin abandonne entièrement l'huile grasse et passe dans l'esprit de vin ; mais celui-ci laisse échapper cette odeur avec la plus grande facilité.

La **jonquille** répand une odeur très agréable, mais qui ne plaît pas néanmoins à tout le monde.

On fait beaucoup d'usage de l'**iris** pour donner une odeur de violette aux parfums. Cette fleur est cultivée dans toute l'Europe. La meilleure cependant est celle de Florence en Toscane. A l'état sec, elle possède une odeur marquée de violette, qu'elle perd au contact de l'alcool qui dissout la partie résineuse. Le traitement approprié des rhizomes de l'iris donne des produits d'une grande finesse que l'on utilise dans de nombreuses compositions florales.

Avec la rose, le rhizome d'iris est l'une des plus anciennes matières premières à odeur florale. Il sert à toute cette parfumerie dite « à la violette » dont la société raffolait.

Autres racines dont use le parfumeur : l'**angélique** dont la racine donne une excellente infusion. Le **vétiver** ou racine de l'*Anatherum muriaticum* est originaire des Indes.

La **lavande**. On distille les fleurs de lavande avec le vin blanc, ou l'eau-de-vie ou l'esprit de vin. Le parfumeur se sert de ce dernier lorsqu'il veut faire de l'esprit de lavande, qu'on emploie à parfumer l'eau dont on se lave et à différents autres usages. On mêle de son huile essentielle, bien rectifiée, et nouvellement distillée, avec du bon esprit de vin. La **lavande** était appréciée dans la palette des parfumeurs pour son odeur franche et vivifiante que les Romains utilisaient déjà pour leurs bains. On cultive la lavande dans le sud de la France mais la chaleur du climat lui donne une certaine âcreté. La lavande cultivée en Angleterre était d'une qualité exceptionnelle.

L'eau odorante que l'on retirait des fleurs de **lys**, à la chaleur du bain-marie, était d'usage pour relever le teint des jeunes filles. Elle leur enlevait les taches du visage, surtout si on y mêlait un peu de sel de tartre.

On retire des fleurs du **myrthe**, en les distillant dans l'eau, une eau astringente que l'on nomme eau d'ange. Elle est fort recherchée pour sa bonne odeur : les dames s'en servent pour se laver. Elle est souveraine pour nettoyer la peau, affermir les chairs et parfumer.

La **rose** est une matière première importante dans la production de la parfumerie. Elle sert à faire de l'eau distillée, de l'essence, de l'huile, des pommades et des sachets. Les 9/10 de la production d'essence de rose proviennent des monts Balkans près de Kizanlick. Cette essence, quand elle est pure, reste cristallisée à une température élevée mais l'habitude du pays de production était de la falsifier avec de l'essence de géranium et aussi avec du blanc de baleine afin de donner une cristallisation factice. Aussi, les parfumeurs préféraient largement la **rose de Provence ou rose de mai**, *Rosa centifolia*. La floraison est au mois de mai et les femmes et les enfants doivent cueillir les fleurs au lever du soleil, car si elles sont récoltées en pleine chaleur, elles perdent de leur suavité.

La **tubéreuse** est native des Indes. On la trouve aussi à l'état sauvage dans l'île de Java et à Ceylan. Elle fut apportée en Europe en 1594, par Simon de Torar, médecin espagnol. Cet oignon planté à l'automne fleurit l'année suivante. Les plantations sont renouvelées chaque année. La floraison commence en juin-juillet et jusqu'à début septembre. La tige mesure un mètre et chaque jour, deux fleurs s'épanouissent de 11 heures à 15 heures qu'il faut cueillir tout de suite car sinon la senteur éphémère est mal maîtrisée. Ces fleurs à bulbes produisent une essence capitale pour la palette des parfumeurs.

Le **cassier**, de la famille des acacias, est cultivé d'octobre à novembre. Ce parfum vif et pénétrant apporte une note de fraîcheur très utile aux parfumeurs. Il a quelque ressemblance avec celui de la violette et on l'emploie de manière à soutenir l'arôme faible de cette fleur.

La **violette** a une odeur fine et douce qui plaît de plus en plus. On ne peut l'obtenir par la distillation, mais on peut la recueillir au moyen des huiles essentielles. Elle est plantée à Nice et dans les environs, sous les orangers et les citronniers dont le feuillage épais la protège des ardeurs du soleil.

Le **romarin** donne une essence très forte employée pour parfumer les savons ordinaires. Cette odeur est proche de celle du camphre utilisé pour les mariages et les funérailles et il est le principal constituant de l'eau de la Reine de Hongrie.

Le **thym**, le **serpolet**, la **marjolaine**, le **basilic en fleur**, le **céleri**, le **persil**, le **laurier**, l'**absynthe**, le **fenouil** et la **sauge** fournissent des essences. La **menthe** fleurit au temps du thym, soit au mois de juin. On la cueille par temps sec et chaud et il convient de déramer feuilles et fleurs, en piler deux livres et la mettre aussitôt dans l'alambic. L'eau recueillie a une odeur et un goût très bons et forts. C'est pourquoi il n'en faut que très peu.

Les **épices** sont nécessaires pour relever la suavité faible d'une plante : **cannelle**, **girofle**, **macis**, **muscade**, **cardamomum**, **coriandre**, etc., sont des aromates merveilleux à utiliser en tuteurs pour parfaire l'œuvre du parfumeur. La cannelle et la cinnamone se distillent de l'écorce de deux espèces de lauriers abondants en Inde et en Chine. Le **girofle** est le bouton de la fleur du *Caryophyllus aromaticus* originaire de la côte africaine et de l'archipel Indien. L'essence est employée pour les savons et entre à dose modérée dans la composition de quelques parfums comme dans celui de l'œillet, avec lequel elle a quelques analogies. Le **macis** et la **muscade** sont les produits du même arbre, le *Myristica moschata,* originaire des Indes. L'une est l'enveloppe fibreuse du fruit, l'autre, le fruit lui-même. La toute-épice ou **piment** est la baie de l'*Eugénia pimenta* des latitudes tropicales et principalement aux Antilles. Deux espèces de l'anis étoilé ou badiane viennent de Chine.

L'**ambrette** vient d'Amérique du Sud. L'**anis**, l'**aneth**, le **fenouil**, le **carvi**, l'**anis** d'Europe.

3

Les procédés de fabrication des parfums

a) *La distillation et les vaisseaux distillatoires*

Le seul instrument nécessaire à la distillation était l'alambic, vase de cuivre étamé, d'étain ou de verre, ce dernier étant « le plus favorable à la pureté des substances spiritueuses ». Trois pièces distinctes composent l'alambic : la chaudière ou cucurbite, le chapiteau et le réfrigérant.

La chaudière est une sorte de chaudron dont la forme fait penser à celle d'un cône tronqué et renversé. On l'enfonce dans un fourneau construit en briques, jusqu'à ce que sa surface extérieure prenne appui sur un rebord qui reposait sur le fourneau. Elle doit représenter autant de diamètre que de profondeur. Le fond est ordinairement bombé en dedans, afin de présenter une plus grande surface à l'action du feu. Cette chaudière, bien étamée, est en outre munie d'une gorge, qui en rétrécit un peu l'orifice : sur la gorge sont placées une douille et ses deux anses.

Le chapiteau, ou couvercle de la chaudière, est en cuivre étamé dans les grands appareils, et en étain fin dans les petits. Il a la forme d'un cylindre terminé par une calotte sphérique. Il porte dans le bas de la partie cylindrique une gorge qui entre juste dans l'ouverture de la chaudière.

La calotte terminale était soudée un peu au-dessous du bord supérieur du cylindre. Au centre de cette calotte était une douille. Sur le côté du cylindre était soudé un gros tuyau, légèrement conique, appelé *bec du chapiteau*.

Les substances à distiller sont placées dans la chaudière, on pose le chapiteau, on l'assujettit solidement, on le ferme. Puis le feu est fait dans le fourneau. Alors, par l'action de la chaleur, les substances s'élèvent en vapeur dans le chapiteau et sortent par l'extrémité de son bec pour arriver dans la troisième pièce, où elles se condensent en se refroidissant. C'est pour ce motif qu'elle se nommait *condenseur* ou *réfrigérant*. Il fut d'abord disposé en long tuyau, mais qui occupait un trop grand espace, puis en hélice (le condenseur reçut alors le nom de serpentin), qui ne pouvait être facilement nettoyée après la distillation des matières odorantes. Il lui est enfin donné une forme en « zigzag » qui le rend au moins aussi efficace et plus facile à nettoyer.

Le bain-marie est une pièce essentielle pour le parfumeur, puisqu'elle sert à distiller les substances très volatiles, ou celles que l'on ne peut soumettre qu'à un degré de chaleur moindre que celui de l'eau bouillante. Elle consiste en un vase cylindrique en étain, capable de contenir la cucurbite et qui entre juste dans l'orifice de la chaudière et repose sur le *collet*, de manière à ce que son fond n'atteignît pas celui de la chaudière. Ainsi, on peut distiller indifféremment avec ou sans bain-marie.

Pour distiller de cette façon, on place dans ce vase des substances choisies, on l'introduit dans la chaudière, on le couvre du chapiteau. On verse alors par la douille de l'eau dans la chaudière. La partie supérieure du chapiteau étant creusée extérieurement, on remplit cet espace de charbon pilé, peu conducteur de chaleur, de manière à empêcher que les vapeurs ne se condensent dans cette partie et ne retombent dans la cucurbite. « Lorsque l'opération exigera un degré de feu plus violent, on emploiera le bain de sable. C'est une marmite de fer capable de résister au feu remplie de sablon fin dans laquelle on place l'alambic, de manière que le sablon s'élève à un bon doigt au-dessus de la matière contenue dans la cucurbite. Ce bain est susceptible de presque tous les degrés de chaleur, depuis le plus tempéré jusqu'à l'incandescence, et par cette raison, très commode. Il suffirait même pour le plus grand nombre des opérations, si l'artiste, instruit par l'expérience, avait acquis l'art de bien le gouverner. »

Le parfumeur a aussi recours à *la rectification*, de manière à obtenir des liquides des parfums très purs et très suaves. Rectifier, c'était soumettre de nouveau à la distillation des liquides déjà distillés. A cet effet, il emploie communément le bain-marie ou le bain de sable avec des alambics de verre.

Les cornues de verre sont ordinairement munies, lorsqu'elles ont une grande capacité, d'une tubulure située à la partie supérieure de la voûte, afin de pouvoir les remplir facilement sur place.

Cette introduction des liquides a lieu soit en une seule fois, à l'aide d'un entonnoir, soit à différentes reprises, au moyen d'un tube en S, qu'on adaptait à la tubulure, et qui sert en même temps de tube de sûreté.

Quelquefois, on ajoute *une allonge* à la cornue. C'est ainsi que l'on nomme un vase à double col, renflé dans sa partie moyenne et qui sert à donner plus de longueur au col de la cornue.

Il faut également au parfumeur des *matras*, sorte de ballons en verre à long col, ou à col recourbé avec tubulure.

Enfin, le parfumeur a l'usage du *filtre*. Cet appareil est composé d'une toile métallique étamée, galvanisée, argentée ou en argent, pliée comme un filtre. Les plis sont en nombre égal à ceux du filtre en papier et destinés à les recevoir et à les soutenir. La surface du papier étant appliquée sur la toile métallique et n'étant ni obstruée ni gênée par aucune adhérence, le liquide a libre passage et permet à l'opération de marcher avec une rapidité qui ne dépend plus que de l'état de ce liquide. La forme conique donnée à ce filtre accélérateur permet de le placer dans des entonnoirs de verre ou tout autre. Le nettoyage de ce filtre se fait aisément en l'agitant dans l'eau et en le faisant sécher à l'étuve.

b) *L'enfleurage ou macération*

Pour cet effet, le parfumeur dispose d'une caisse dont le dedans est garni de fer-blanc, afin que le bord ne communique aucune odeur aux fleurs et ne boive pas l'essence. Il fait faire des châssis qui puissent aisément entrer, sur leur plat, dans la caisse. Leur bois doit être de deux doigts d'épaisseur, et garni de pointes d'aiguilles tout autour. Il ajoute à chaque châssis une toile qui puisse être tendue dessus. Cette toile sera de coton, et il a soin de la faire passer à une bonne lessive, laver ensuite dans de l'eau claire et bien sécher avant de s'en servir.

Après avoir bien fait imbiber les toiles dans de l'huile de béen, il les presse un peu, ensuite il les étend sur des châssis, et il les attache aux aiguilles, puis il met un châssis au fond de la caisse et dessus la toile. Il sème également les fleurs dont il tire l'essence : il les couvre d'un autre châssis, sur la toile duquel il sème encore des fleurs, et il continue ainsi jusqu'à ce que la caisse soit pleine. Le châssis étant épais de deux doigts, les fleurs ne sont pas pressées. Douze heures après, le parfumeur y remet d'autres fleurs et il continue de même pendant plusieurs jours. C'est ce que l'on appelle enfleurer.

Quand l'odeur lui paraît assez forte, il lève les toiles de dessus les châssis ; il les plie en quatre. Puis les ayant pliées et roulées de plusieurs tours avec une ficelle, afin de les contenir et d'empêcher qu'elles ne s'étendent trop, il les met à la presse, pour exprimer l'huile. Cette presse doit être de fer-blanc, afin que le bois ne s'imbibe point d'huile.

(Le parfumeur) met dessous des vaisseaux bien nets pour recevoir l'essence qu'il serre dans des fioles bien bouchées pour les conserver. Il ne peut faire, dans une caisse, que l'essence d'une fleur à la fois, car l'odeur de l'une gâterait l'autre : par la même raison, les toiles qui n'auront servi à tirer l'essence d'une fleur ne pourront servir à tirer l'essence d'une autre, à moins de les avoir lavées dans l'eau claire et bien séchées. Ce moyen est d'usage pour obtenir l'odeur des fleurs qui ne donnent pas d'huile essentielle par la distillation, telle que la tubéreuse, le jasmin et plusieurs autres. Ce procédé très utile à l'art du parfumeur est aussi très lent : 30 à 35 jours sont nécessaires pour obtenir un résultat satisfaisant, pendant lesquels on renouvelle les fleurs chaque jour en laissant la même graisse étalée sur le verre. Cette technique demande une main-d'œuvre qualifiée souvent féminine. Les fleurs doivent être traitées dans les 24 heures.

c) *L'expression*

Le pressurage ou expression ne se pratique que pour les écorces d'oranges, de citrons et les limons. Ce procédé ne s'emploie donc que pour extraire l'essence des citracées (orange, citron, bergamote, cédrat). Plusieurs traditions locales existent. Ainsi, à Gênes, on frotte les fruits contre l'entonnoir percé de trous. En Sicile, on découpe finement l'écorce et on la presse dans des sacs de toile. En Calabre, lieu où la production est la plus importante, les fruits sont placés entre deux bols superposés et garnis de petites pointes. Celui de dessus à partie convexe, de dessous à partie concave, le parfumeur fait tourner les bols en sens contraire et quand les vésicules étaient percées, il retirait les fruits et il les essuyait avec une éponge. Cela donnait une essence au zest, jugée très fine. Il pouvait en obtenir une par distillation, mais elle est bien inférieure.

4

Statuts, privilèges et ordonnances de la communauté des maîtres et gardes de la marchandise ganterie et de parfums de ceste ville, faubourgs et banlieue de Paris (refonte en 1656)

Article 1. Nomination et durée des fonctions des maîtres gardes ; 2. Les gardes ont droit d'accès et visites subites dans les maisons et boutiques de tous les maîtres et marchands de la communauté. Ils peuvent procéder à la saisie de « tout mauvais ouvrage », qu'ils doivent signaler dans les 24 heures à la chambre du procureur. Il sera alors ordonné une peine de 6 livres d'amende, moitié au profit du Roy, moitié pour la Communauté ; 3. Pour exercer et tenir boutique, il faut avoir été 4 ans apprenti chez l'un des maîtres. Déclaration aux gardes dans les 15 jours. Si faute commise, amende de 12 livres pour le maître et 3 livres pour l'apprenti ; 4. Pendant les quatre ans de l'apprentissage, les maîtres ne peuvent avoir qu'un seul apprenti ; 5. Si le maître donne congé à son apprenti « sans cause légitime et raisonnable », obligation d'une lettre à l'apprenti, de l'indication sur son livre d'apprentissage du temps de service et communication aux maîtres gardes ; 7. Si l'apprenti a commis quelque faute notable, il ne saurait être reçu maître ; 8. Tout apprenti qui se présente à la maîtrise doit produire un chef-d'œuvre en présence des 4 maîtres gardes ; 10. Description des cinq pièces d'ouvrage que l'apprenti devra produire (gants et mitaines, dont certains fourrés) ; 11. L'apprenti reçu maître devra indemniser les jurés gardes pour leur vacation, à chacun... – et payer le droit du Roy ainsi qu'à la boîte de la Communauté ; 12. Pour les fils de maîtres de l'état, il suffira de faire et présenter deux paires de gants à leur choix et de payer les droits ; 13. Nul ne pourra accéder à la maîtrise s'il n'a été dudit état et il sera tenu de faire une paire de gants, etc. ; 14. Les veuves des maîtres (et marchands) pourront tenir boutique, mais seulement jusqu'à leur remariage exclusivement et ne pourront avoir d'autre apprenti que celui qu'avait le défunt, jusqu'à expiration des 4 ans ; 15. Les maîtres sont tenus de faire des gants, de quelque matière que ce soit de bon cuir neuf et loyal ; 18. Dans les gants garnis de broderies et passementerie, interdiction d'utiliser de faux or ou de faux argent ; 19. Les maîtres pourront aussi vendre, en leur boutique, toutes sortes de parfumeries, telles que ambre, musc, etc. ; 20. Les maîtres pourront faire garnir et enrichir toutes sortes de mitaines et tous « ouvrages à couvrir la main » (par des gens de l'extérieur, suppose-t-on) ; 21. Les maîtres pourront débiter et vendre en leur boutique toutes sortes de cuir et peaux (au détail) ; 22. Nul maître ne pourra tenir plus d'une boutique ou échoppe, sauf temporairement dans le cas de déménagement (à déclarer) ; 23 et 24. Interdiction du colportage et de vente et exposition les dimanches et fêtes de l'Eglise ; 25, 26, 27. Obligation de contrôler (« visitation ») les marchandises sortant de la ville ou transportées par les marchands forains ; 30. Ceux qui ne seront pas maîtres ne pourront tailler ni façonner des gants. Les marchandises employées seront saisies ; 31. Nul ne pourra garnir ou enjoliver des gants s'ils n'ont été faits par des maîtres gantiers (réf. à l'ordonnance du 14 avril 1473). ***signé :*** *Pasquier, Hugues de Senlis, Allard, Chastellain, J. Lorfebvre, Norgué, A. Vollard Vu par nous, Conseiller du Roy, Dreux d'Aubray. Enregistré (au parlement le 23*[e] *jour de mai 1656. Suit la « confirmation du Roy »).*

5

La fabrication du gant

Le maître gantier-parfumeur commence par faire parer les peaux, les rendant d'égale épaisseur, c'est ce qu'on appelle « effleurer à la main ». Ensuite, il roule toutes les peaux, autrement dit il les « met en pompe », les tenant dans cet état, jusqu'à ce qu'elles aient bu assez d'eau. Puis, il l'étend ou encore il la « met sur son large » et c'est l'étendue de la peau qui décide de la longueur des gants. Puis, il la tire sur son long et donne à ses étavillons (les grandes pièces d'un gant coupé) la forme et les dimensions convenables. Il renferme ses étavillons dans une nappe où ils conservent encore de leur humidité, jusqu'à ce qu'il puisse les dresser. Il les assortit de pouces et de fourchettes, qui sont de petits morceaux de peau carrés, qu'on met entre les doigts des gants. Ensuite, il détermine les fentes : celle du milieu détermine la longueur et les autres dimensions du gant, puis les autres sont en fonction des doigts. Il donne aux doigts leur longueur, en les rafilant, c'est-à-dire qu'il les rogne avec des ciseaux pour enlever le superflu de la peau. Il pose les pièces au rebras qui sont les parties de la peau qui couvrent les bras. Il plie le gant en deux, il le garnit de ses fourchettes et il l'envoie à la couturière. Il coud les gants avec de la soie ou avec une sorte de fil très fort qu'on appelle fil à gant. Les gants au retour de chez la couturière sont vergetés paire par paire, avec une brosse qui ne doit être ni dure ni molle. Il prend ensuite du blanc d'Espagne et il en frotte les gants puis il en ôte le superflu. Il les brosse et pour lors les gants sont prêts à être gommés. Pour cet effet, il fait dissoudre de la gomme dans de l'eau, il la passe à travers un linge et il la fouette avec des verges jusqu'à ce qu'elle blanchisse et épaississe. Quand elle paraît avoir une consistance légère, il étend le gant sur un marbre, il trempe dans la gomme dissoute une éponge ferme et il gomme le gant à toute sa surface. Cette opération est destinée à y attacher le blanc qu'il a reçu. Il y avait toutes sortes de gants : les gants sur poil (le côté du poil est en dehors), les gants sur chair (l'inverse du précédent), les gants effleurés ou non (gants sur poil dont on a enlevé la fleur ou surface luisante et déliée), les gants retroussés dits à l'anglaise, les gants du fauconnier, les gants simples ou brodés de fils d'or, d'argent ou de soie, les gants fournis, les gants fourrés, les demi-fourrés, les gants bourrés et les gants glacés, les gants parfumés.

6

La Maison de la reine et ses fournisseurs

La Maison de la reine comptait environ quatre cent cinquante membres, sous l'autorité, dans les premiers temps du règne, de la princesse de Chimay, dame d'honneur de la reine, puis de Mme de Lamballe. Des quinze « dames du Palais », la doyenne était la comtesse de Talleyrand et la sous-doyenne la comtesse d'Adhémar. Venaient ensuite les duchesses de Duras, de Luxembourg, de Luynes, la marquise de la Roche-Aymond, la princesse d'Hénin et de Berghes, la duchesse de Fitz-James, la vicomtesse de Polastron, la comtesse de Juigné, la vicomtesse de Castellane, la princesse de Tarente, la comtesse Eugénie de Grammont, la marquise de Maillé et la duchesse de Saulx.

La garde-robe était dirigée par la dame d'atours, et la « chambre aux deniers » dépendait d'un chevalier d'honneur, le duc de Saulx-Tavannes. Toutefois, la réalité du pouvoir passa vite entre les mains de la princesse de Lamballe pour qui la charge de « surintendante de la Maison de la reine » avait été rétablie. La surintendante avait en effet des prérogatives très étendues. Elle procédait aux nominations à toutes les autres charges, places et emplois de la Maison, jugeait souverainement les contestations et litiges, pouvait suspendre, mettre à l'amende et même renvoyer les titulaires des autres fonctions. Cette charge avait été exercée par la princesse de

Clermont jusqu'à sa mort en 1741. Louis XV l'avait alors supprimée à la demande de la reine qui trouvait les pouvoirs de la surintendante exorbitants. Marie-Antoinette en demanda le rétablissement pour son amie la princesse de Lamballe en 1774. Elle recevait les serments des officiers, arrêtait et signait les rôles de l'argenterie et les dépenses de la chambre.

La dame d'honneur devait veiller à ce que la reine fût décemment habillée, à ce qu'on lui fournît les robes et les vêtements à son usage. Elle avait autorité directe sur les quatre premières femmes de chambre, Mmes de Misery, Campan, Thibault, Jarzaye, personnages d'importance car elles étaient chargées de la cassette de la reine, des paiements des pensions et gratifications et on leur confiait les diamants. Au nombre de douze, elles étaient choisies parmi des familles riches de la finance, grande bourgeoisie et petite noblesse. La dame d'honneur invitait et écrivait au nom de la reine. Elle dressait l'état des dépenses et décidait des gratifications. Les bals, fêtes et soirées, comédies, voyages, parures, bijoux, meubles étaient sous son contrôle et d'un excellent rapport. Aussi le contrôleur général, M. de Silhouette, avait-il réduit ces bénéfices en faisant ordonner par le roi que le « renouvellement général des objets » aurait lieu non plus annuellement, mais tous les cinq ans. Les dépenses de la Maison de la reine comportaient des frais fixes de fonctionnement (gages des officiers, budgets alloués à chaque département), et certaines dépenses extraordinaires qui n'avaient pas été préalablement budgétées.

La Maison de la reine employait douze femmes de chambre, un maître de la garde-robe, un premier valet de chambre, deux valets de chambre ordinaires, un huissier ordinaire, quatre huissiers par quartiers, deux huissiers *de cabinet* et deux *de l'antichambre*, quatorze valets de chambre par quartiers, six garçons de chambre, un valet de garde-robe ordinaire, deux valets de garde-robe, un garde-meuble ordinaire de la chambre, deux valets de chambre tapissiers, un horloger, un perruquier-baigneur-étuviste Léonard François

Autié, deux coiffeurs par commission, Léonard Autié et Villanoué, une baigneuse, une femme de garde-robe d'atours, un garçon de garde-robe. S'y ajoutaient un tailleur ordinaire pour les habits d'amazone, deux portefaix de la chambre, deux feutiers, une lavandière du linge de corps de la reine, dont la charge fut accordée aux enfants du sieur Bonnefoy du Plan, une porte-chaise d'affaires, Mlle Ronchereuil, deux frotteurs et un aide, un bibliothécaire et lecteur, M. l'abbé de Vermont, une lectrice, la comtesse de Neuilly et son adjointe Mme de Laborde, un secrétaire du cabinet, M. Campan, époux de la première femme de chambre. La santé de la reine était confiée à un médecin ordinaire, M. Lassone fils, un premier chirurgien M. de Chavigna, un chirurgien ordinaire, deux chirurgiens *du commun,* un chirurgien accoucheur, M. de Vermont, un apothicaire et un garde-malade.

Le *service de la bouche*, en diverses dénominations et fonctions, comprenait soixante-trois charges. L'écurie occupait soixante-quatorze personnes. La reine entretenait en outre un sculpteur, M. Rousseau, un peintre décorateur, M. Le Riche, un peintre en miniatures, M. Dumont, un maître de danse, M. Gardel, un maître de musique, M. de Lagarde, un maître de clavecin, M. Henon, un luthier facteur et un luthier, et son joaillier ordinaire M. Boehmer. On comptait en outre environ trois cents personnes employées qui vivaient des bienfaits de la reine et qui se succédaient par quartiers, lesquels pouvaient être d'année, de trimestre ou encore de quinzaine. Tout ce personnel obéissait à un rituel minutieux : si la reine avait demandé un verre d'eau, le garçon de la chambre présentait à la première femme de chambre une soucoupe de vermeil sur laquelle étaient placés un gobelet couvert, et une petite carafe mais, la dame d'honneur survenant, la femme de chambre se trouvait obligée à lui présenter la soucoupe. Si Madame ou Madame la comtesse d'Artois pénétrait dans la pièce à cet instant précis, ladite soucoupe devait lui être confiée avant de parvenir enfin à la reine.

La Maison de la reine se fournissait auprès de quatre-vingt-sept « marchands suivant la Cour » : bijoutiers, chapeliers, couturières, marchands joailliers et marchandes de modes, parfumeurs, tailleurs ou teinturiers. Les principaux figuraient sur l'*Etat des marchands, fournisseurs, ouvriers et ouvrières ordinaires de la garde-robe de la reine*. On y trouvait notamment, au titre de marchand d'étoffes fournissant aussi le garde-meuble royal, Le Normand, dont la boutique *Au Grand Turc* était située rue Saint-Honoré, en face de la rue de l'Echelle, ainsi que Lévesque et Barbier pour les étoffes de soie et broderies, Alabat pour les doublures, Graze pour les étoffes étrangères et Marie, à Versailles, pour les « occasions pressées ».

Les marchandes de mode étaient, outre Mlle Bertin qui avait le pas sur toutes les autres, Mme Pompée, Mlle Fredin, à l'enseigne de *L'écharpe d'or*, rue de la Ferronnerie. Mlle Quentin de la rue de Cléry, M. Richard de la rue du Bac, qui fournissait aussi la princesse de Conti ; la demoiselle Picot et la dame Berthelot pour les « blondes » (dentelles de soie aux fuseaux) et les éventails. La dame Hamell fournissait les rubans. Le sieur Beaulard figurait sur la liste avec la mention « accidentellement ». Il était le principal concurrent de Mlle Bertin. Mme Eloffe succéda à Madame Pompée. Elle était couturière-lingère et marchande de mode dans son officine de Versailles, rue de l'Orangerie, où la reine « encourait des dépenses considérables ». Mme Payen ainsi que les sieurs Mirvault et Gerdret fournissaient les soies et dentelles, le sieur Boulard les bas.

Outre Jean-Louis Fargeon, la reine avait pour parfumeurs et gantiers le sieur Prévost, successeur de la veuve Huet. Elle faisait acheter quelques « pommades et fleurs d'orange » chez Beauclin, rue Croix-des-Petits-Champs. Dubuisson, rue des Cizeaux, fournissait les rouges. Il était associé à la Montensier, qui avait reçu en privilège de Marie-Antoinette la direction des théâtres de Versailles et du Palais-Royal à Paris. La Montensier avait fondé sa propre maison de fards, au 27, rue Grenier-Saint-Lazare. Le rouge fourni par Mlle Martin détrôna tous les autres, au point que la commerçante n'accepta de servir dans son échoppe du quartier du Temple que des têtes couronnées et quelques dames privilégiées. Tissot, maître parfumeur à Versailles, fournissait « les pâtes à main et autres choses pressées ».

Remerciements

Que tous ceux qui ont posé leur « pierre à l'édifice » par leur aide précieuse trouvent ici l'expression de ma reconnaissance :

Christine Albanel, présidente de l'établissement public du Château de Versailles et Xavier de Bartillat, directeur général des Editions Perrin, Béatrix Saule, qui dirige cette collection, pour la confiance qu'ils m'ont accordée.

Au château de Versailles : Pierre Arizzoli-Clémentel, directeur général, et les conférenciers qui m'ont guidée dans les appartements privés de la reine.

Je ne peux oublier la disponibilité des personnels des institutions où mes recherches m'ont conduite :

Archives Nationales, dont F. Mosser, N. Choublier-Grimbert et Mme Bimbenet ; Bibliothèque Nationale, dont Béatrice Torrione.

Archives de Paris.

Archives de Suresnes, dont Haude de Chalendar, archiviste municipale.

Archives de Montpellier.

Bibliothèque historique de la Ville de Paris, dont Mme Morlet.

Bibliothèque de Versailles, et plus particulièrement Jean-Michel Roidot, conservateur en chef.

Musée international de la Parfumerie à Grasse, dont Marie Grasse, conservateur et son équipe.

Que tous ceux qui ont participé à cet ouvrage tant chez Perrin qu'au château de Versailles soient également remerciés pour leur collaboration.

Ma gratitude s'adresse aussi et tout particulièrement à Francis Kurkdjian, parfumeur-créateur chez Quest International, mais aussi « parfumeur sur mesure » pour nos contemporains en quête de valeurs et d'émotions olfactives. Par sa passion et son talent, il a fait revivre et nous a donné à sentir le sillage de la reine ainsi que son gant parfumé. A défaut d'être le parfum de la reine, au sens archéologique du terme, ce parfum évoque l'effluve que la reine devait laisser sur son passage et qui est pour nous comme une âme qui revient. Nos conversations et sa manière d'aborder la création de ce parfum m'ont aussi été une aide précieuse pour la dimension psychologique de Jean-Louis Fargeon et le décryptage de certaines données techniques contenues dans le *Traité de parfumerie* écrit par Jean-Louis Fargeon et qui a été la base de ce travail de reconstitution.

Je ne saurais non plus oublier :

Angel Diaz de Leon, Karine Jouvion et les équipes de Quest International, Mennehould du Chatelle et Frédérique More (Hermès), Paul et Philippe Joucla (Tanneries Lauret), Martine Uzan (Givaudan), qui m'ont apporté leur soutien et, plus encore, leur enthousiasme ; ainsi que Gaëtan Bonini et J. Basso-Bert, qui facilitèrent mes recherches.

Enfin, mes remerciements tout particuliers s'adressent à :

Béatrix Saule, conservateur en chef au château de Versailles et directrice de la collection « Les Métiers de Versailles » et à Sylvie Messinger, responsable des publications du château de Versailles. Leur patience, leur soutien et leur exigence ont fait grandir ce parfumeur.

Mais aussi et surtout, il me faut remercier Patricia Bouchenot-Déchin, celle par qui tout arriva car elle sut me convaincre que son « jardinier » devait faire éclore un « parfumeur ».

Quant à ma famille, grands et petits, je leur dis à tous : Merci !

Cet ouvrage a été composé et mis en page
par Graphic Hainaut à Anzin

Imprimé en France par
CPI Bussière
en septembre 2024
N° d'impression : 2080214

#lisez! engagé
Pour plus d'information :
www.lisez.com
Imprimé sur du papier issu de forêts gérées durablement.

Pocket – 92 avenue de France, 75013 PARIS

S30706/03